REVISE EDEXCEL GCSE
French

D1540977

REVISION WORKBOOK

Series Consultant: Harry Smith

Authors: Suzanne Hinton, Martin Bradley, Janet Calderbank

A note from the publisher

In order to ensure that this resource offers high-quality support for the associated Pearson qualification, it has been through a review process by the awarding body. This process confirms that this resource fully covers the teaching and learning content of the specification or part of a specification at which it is aimed. It also confirms that it demonstrates an appropriate balance between the development of subject skills, knowledge and understanding, in addition to preparation for assessment.

Endorsement does not cover any guidance on assessment activities or processes (e.g. practice questions or advice on how to answer assessment questions), included in the resource nor does it prescribe any particular approach to the teaching or delivery of a related course.

While the publishers have made every attempt to ensure that advice on the qualification and its assessment is accurate, the official specification and associated assessment guidance materials are the only authoritative source of information and should always be referred to for definitive guidance.

Pearson examiners have not contributed to any sections in this resource relevant to examination papers for which they have responsibility.

Examiners will not use endorsed resources as a source of material for any assessment set by Pearson.

Endorsement of a resource does not mean that the resource is required to achieve this Pearson qualification, nor does it mean that it is the only suitable material available to support the qualification, and any resource lists produced by the awarding body shall include this and other appropriate resources.

ALWAYS LEARNING

PEARSON

Contents

PERSONAL INFORMATION

1 Birthdays
2 Physical description
3 Character description
4 Where you live
5 Family
6 Describing my family
7 Friends
8 Hobbies
9 Sport
10 Going out
11 Weekends
12 TV programmes
13 Cinema
14 Music
15 Online activities
16 Daily routine
17 Breakfast time
18 Eating at home
19 Healthy eating
20 Health problems

OUT AND ABOUT

21 Visitor information
22 Things to do in town
23 Signs around town
24 Travelling by train
25 Weather
26 Places in town
27 Opinions of where you live
28 Describing a town
29 Holiday destinations
30 Accommodation
31 Staying in a hotel
32 Camping
33 Holiday preferences
34 Holiday activities
35 Booking accommodation
36 Holiday plans
37 Holiday experiences
38 Directions
39 Public transport
40 Transport

CUSTOMER SERVICE AND TRANSACTIONS

41 At the café
42 Eating in a café
43 Eating in a restaurant
44 Opinions about food
45 Restaurant review
46 Shops
47 Shopping for food
48 Shopping
49 Signs in shops
50 Clothes and colours
51 Shopping for clothes
52 Returning items
53 Internet shopping
54 Shopping preferences
55 At the train station
56 Money
57 Travel problems
58 Lost property
59 Problems

FUTURE PLANS, EDUCATION AND WORK

60 School subjects
61 School life
62 School routine
63 Comparing schools
64 Primary school
65 Issues at school
66 Future plans
67 In the future
68 Jobs
69 Job adverts
70 Writing a CV
71 Job application
72 Job interview
73 Opinions about jobs
74 Part-time work
75 Work experience
76 My work experience
77 Computers
78 Internet pros and cons

GRAMMAR

79 Articles 1
80 Articles 2
81 Adjectives
82 Possessives
83 Comparisons
84 Other adjectives
85 Adverbs
86 Object pronouns
87 More pronouns: *y* and *en*
88 Other pronouns
89 Present tense: -ER verbs
90 -IR and -RE verbs
91 *avoir* and *être*
92 *aller* and *faire*
93 Modal verbs
94 Reflexive verbs
95 The perfect tense 1
96 The perfect tense 2
97 The imperfect tense
98 The future tense
99 The conditional
100 The pluperfect tense
101 Negatives
102 Questions
103 Useful little words
104 Useful bits and pieces

105 Practice Exam Paper: Reading
111 Practice Exam Paper: Listening
115 Answers

Audio files

Audio files for the listening exercises in this book can be found at:
www.pearsonschools.co.uk/mflrevisionaudio

A small bit of small print

Edexcel publishes Sample Assessment Material and the Specification on its website. This is the official content and this book should be used in conjunction with it. The questions in this book have been written to help you practise what you have learned in your revision. Remember: the real exam questions may not look like this.

Target grades

Target grades are quoted in this book for some of the questions. Students targeting this grade should be aiming to get some of the marks available. Students targeting a higher grade should be aiming to get all of the marks available.

Birthdays

What date?

Ⓖ 1 Look at the following birthday dates.

Which dates are mentioned above? Put a cross (**X**) in the **four** correct boxes.

A Tuesday 15 July	
B Sunday 22 March	X
C Wednesday 15 May	
D Wednesday 31 July	
E Tuesday 15 August	
F Sunday 22 July	
G Monday 5 May	
H Wednesday 31 December	
I Thursday 28 June	

(Total for Question 1 = 4 marks)

 My cousin

 Audio files
Audio files can be found at:
www.pearsonschools.co.uk/mflrevisionaudio

Ⓐ 2 Listen to these details about Janine's cousin.

Fill in the details in English.

Example: First name ....Lucie..................

> Make sure you know the French alphabet. You must get every letter of this name correct to earn one mark.

(a) Family name ....**(1 mark)**

(b) Day and month of birth ....**(1 mark)**

(c) Born in ....**(1 mark)**

(d) Likes ....**(1 mark)**

(Total for Question 2 = 4 marks)

Physical description

 What do they look like?

E 3 Read these descriptions of family members and friends.

A	B	C
quite tall long black hair	tall moustache	small brown spectacles

D	E	F
quite tall brown eyes	tall short brown hair	long brown hair small nose

Which description best matches which person? Put a cross in the correct box.

	A	B	C	D	E	F
Example: Mon cousin est grand et porte une moustache.		X				
(i) Son amie a de longs cheveux marron et un petit nez.						
(ii) Notre oncle Pierrot est assez grand. Il a de longs cheveux noirs.						
(iii) Ma mère est assez grande et a les yeux marron.						
(iv) Sa sœur est petite. Elle porte des lunettes marron.						

(Total for Question 3 = 4 marks)

 My family's appearance

F 4 Pierre is describing his family.

Which feature is mentioned for which person?

A	B	C	D	E	F
hair	beard	body piercing	nose	glasses	feet

Listen and put the correct letter in the boxes.

Example: His brother	C
(i) His father	
(ii) His grandfather	
(iii) Pierre	
(iv) His mother	

> Look at the words in A–F and think of the French words you are likely to hear. You will be better prepared when you listen!

(Total for Question 4 = 4 marks)

Character description

 Claire's family

D   **5**   Read what Claire says about her family members.

> Mon petit frère s'appelle David. En général, il est sympa, mais s'il est fatigué, il n'est pas très facile. Ma sœur Danielle est toujours optimiste et elle s'entend bien avec toute la famille, sauf notre grand frère, qui s'appelle Marc. Ma mère est un peu plus sévère que mon père, surtout quand nous sommes à table. Mais de temps en temps, mon père peut être très drôle!

Put a cross in the **four** correct boxes.

Example: Claire's brother is called David.	X
(a) David is usually pleasant.	
(b) David is always pleasant.	
(c) Danielle is optimistic.	
(d) Danielle does not have any brothers.	
(e) Danielle gets on well with the whole family.	
(f) The dad is stricter than the mum at meal times.	
(g) The family never sits around the meal table together.	
(h) The dad is occasionally funny.	

(Total for Question 5 = 4 marks)

 The Delors family

D   **6**   Listen to Madame Delors talking about her family. How does she describe them?

A	B	C	D	E	F
selfish	kind	hard-working	noisy	funny	lazy

Put the correct letter in the boxes.

Example: Nathan	E
(i) Patrick	
(ii) Martine	
(iii) Sylvie	
(iv) Jacques	

(Total for Question 6 = 4 marks)

3

Where you live

Bruno's e-mail

C 7 Read this e-mail from Bruno.

---

effacer   répondre   répondre à tous   avant   imprimer

Salut!

Je m'appelle Bruno et j'habite près de Metz avec mes parents, ma sœur aînée et nos deux chiens. J'ai un ordinateur et j'aime lire des blogs et envoyer des e-mails à mes amis. Au collège j'aime les sciences et je voudrais être médecin. Ma petite amie s'appelle Nadia. Elle m'aide à faire mes devoirs d'anglais, quand je les trouve difficiles. Nous sommes dans la même classe. Le samedi après-midi, nous allons à la piscine, parce que nous aimons nager, tous les deux, mais les autres sports ne nous intéressent pas. Cet été je vais partir en vacances avec la famille de Nadia. Sa tante a une grande maison à La Rochelle où on va passer une quinzaine.

Put a cross next to the **four** things he mentions.

Example: his family	X
A the job he hopes to do	
B the food he likes	
C what he uses his computer for	
D his family's house in La Rochelle	
E pocket money	
F what he does on Sundays	
G his family's pets	
H a future holiday	

(Total for Question 7 = 4 marks)

Family abroad

E 8 Georges is telling his friend about his family. Where do they live?

A	B	C	D	E	F
France	Greece	Scotland	Germany	Spain	England

Listen and fill in the correct country for each person.

Example: Georges lives in .....France.. .

(a) His sister lives in ....

(b) His uncle lives on a farm in ....

(c) His cousin lives in ....

(d) His grandmother lives in ....

(Total for Question 8 = 4 marks)

Family

Talking about my family

F 9 Look at the list of family members.

A	B	C	D
son	father	brother	mother

E	F	G	H
aunt	nephew	daughter	sister

> Make sure you look for the key vocabulary within the sentences below.

Which member of the family is being discussed? Put a cross in the correct box.

	A	B	C	D	E	F	G	H
Example: Ma sœur est très sympathique.								X
(i) Je parle beaucoup avec mon frère.								
(ii) Je joue au golf avec mon fils.								
(iii) Notre tante est assez amusante.								
(iv) En général, ma fille est très généreuse.								

(Total for Question 9 = 4 marks)

Brothers and sisters

E 10 Listen to Ludovic talking about his family. What does he like and dislike about them?

A	is fun to play with
B	buys me treats
C	talks too much
D	boring
E	doesn't talk to me
F	sometimes won't play with me

Put the correct letter in the boxes.

Example: Laura	E
(i) Nana	
(ii) Mimi	
(iii) Mickaël	
(iv) Céline	

(Total for Question 10 = 4 marks)

- Listen out for the key verbs (play, buy, talk).
- Think about how you are going to distinguish between two sentences with the same verb. Usually this will be negatives (ne … pas) and/or adverbs (quelquefois, souvent, etc).

Describing my family

Guy's family

 11 Read what Guy says about his family.

Je m'appelle Guy et j'habite dans un village à la campagne avec mes parents et mes deux sœurs.

Mon père qui s'appelle Pierre est fermier. Il travaille tous les jours et il doit se lever de bonne heure. Il n'a pas le temps de faire du sport, mais il regarde toutes les émissions de sport à la télé. Il est très mince.

Ma mère s'appelle Claudine et le weekend elle travaille à l'auberge de jeunesse du village. Elle a les cheveux courts et elle porte souvent un pull bleu et un pantalon noir.

Ma sœur Sara a les cheveux blonds. Elle étudie à l'université. Elle voudrait devenir informaticienne.

Lise, ma petite sœur, a les cheveux frisés. Elle ne parle pas beaucoup parce qu'elle écoute toujours son iPod.

Put a cross in the four correct boxes.

Example: Guy's family lives in the country.				X
A	Pierre works part-time.		**E**	Sara wants to work with computers.	
B	Pierre is overweight.		**F**	Sara is a student.	
C	There is a youth hostel near where they live.		**G**	Lise has curly hair.	
D	Claudine always wears red.		**H**	Lise is very talkative.	

(Total for Question 11 = 4 marks)

My complicated family

 12 Listen to Bruno talking about his family. Answer the following questions **in English**.

(a) How old was Bruno when his mother remarried? .... **(1 mark)**

(b) What **two** facts do we learn about her new husband? **(2 marks)**

   (i) ....

   (ii) ....

(c) Give **one** example of Bruno's bad behaviour.

.... **(1 mark)**

(d) Where does Bruno's natural father live? .... **(1 mark)**

(e) How do Bruno's parents show they have confidence in him?

.... **(1 mark)**

(f) How does Bruno now feel about his three parents, and why? **(2 marks)**

....

(Total for Question 12 = 8 marks)

Friends

Talking about my friends

C

13 Read these comments relating to friendship.

> **Quelles sont les qualités de vos ami(e)s?**
>
> Mon amie Maryse ne refuse jamais d'aider ses amis.
>
> Suzanne est toujours prête à donner de l'argent aux personnes pauvres.
>
> Mon meilleur ami Robert aime bien écouter les avis de tout le monde.
>
> Lola essaie d'identifier une qualité si on lui demande son avis sur un collègue.
>
> Carla n'est jamais de mauvaise humeur, même si elle est fatiguée.

What is said about each person?

A Concentrates on people's strengths

B Never moody

C Always says "yes" if a friend needs help

D Willing to give financial assistance

E Not tiresome

F Valuing others' opinions

G Optimistic

	A	B	C	D	E	F	G
Example: Maryse			X				
Suzanne							
Robert							
Lola							
Carla							

(Total for Question 13 = 4 marks)

Gina's friends

G

14 Gina is talking about her friends. What are they like?

A	B	C	D	E	F
fat	tall	pretty	beautiful	small	thin

Listen and put a cross in the correct box.

	A	B	C	D	E	F
Example: Zoë		X				
(i) Christophe						
(ii) Christina						
(iii) Kevin						
(iv) Marie						

> Before listening, think of the French words for these adjectives.

(Total for Question 14 = 4 marks)

Hobbies

 What do I like to do?

F   15 Read the following views about hobbies.

A	B	C
La natation, ça m'intéresse.	J'aime bien jouer sur mon ordinateur.	J'adore collectionner les timbres.

D	E	F
J'adore faire du cyclisme.	Faire du shopping, c'est fantastique!	Nous aimons beaucoup lire des magazines.

Which hobby is mentioned? Put a cross in the correct box.

	A	B	C	D	E	F
Example: Cycling				X		
(i) Swimming						
(ii) Reading						
(iii) Playing computer games						
(iv) Collecting stamps						

(Total for Question 15 = 4 marks)

 My hobbies

D   16 Listen to these young people talking about how they spend their time.

What do they do? Put the correct letter in the grid below.

A	cycling
B	play an instrument
C	listen to music
D	stay at home
E	play sport
F	go for walks

Before you listen, cross out B which is the answer in the example, then you have one less to choose from. Cross out the other options as you use them.

Example: Emma	B
(i) Pierre	
(ii) Lucy	
(iii) Thomas	
(iv) Juliette	

(Total for Question 16 = 4 marks)

Sport

A sports fan

B **17** Read this article about Stéphanie's sport routine.

> Je m'appelle Stéphanie et je suis intéressée par tous les sports. Je pense que le sport est bon pour la santé. Par contre mon père n'est pas d'accord parce qu'il s'est fait très mal à la main pendant qu'il jouait au rugby la semaine dernière. Pendant l'hiver, je joue au rugby au collège, mais ce n'est pas mon sport favori.
>
> Ça fait plus de cinq ans que je fais de la natation. J'essaie d'y aller deux ou trois fois par semaine, mais je n'y vais pas si ma mère ne veut pas m'emmener à la piscine en voiture. Je n'y vais jamais en bus parce que je n'aime pas attendre à l'arrêt d'autobus. La plupart de mes amis aiment bien faire de la natation.
>
> Si j'ai de bonnes notes aux examens en juin, je vais continuer mes études. Ma profession idéale, ce serait professeur d'EPS. Je serais alors obligée de faire trois ans d'études universitaires pour y arriver. Sinon, j'aimerais bien devenir monitrice de ski. Par contre, j'apprécierais moins l'idée de travailler dans un centre sportif où il y aurait trop d'adultes.

Complete the following sentences, by putting a cross in the correct box.

> Know how to spot **relevant** details, not necessarily those which first attract your attention.

(a) Stéphanie's father…

A will be playing rugby next week.	
B recently injured his hand.	
C has not played rugby for months.	

(b) Swimming is a sport Stéphanie began …

A two or three weeks ago.	
B over five years ago.	
C more than a month ago.	

(c) If her mum can't drive her to the pool, Stéphanie …

A doesn't go swimming.	
B visits one of her friends.	
C takes the bus to the pool.	

(d) Stéphanie would really prefer to …

A work in an office.	
B become a teacher.	
C train to be a skiing instructor.	

(Total for Question 17 = 4 marks)

Which sport?

F **18** Which sport do they like? Listen and put a cross in the correct boxes.

A	B	C
swimming	water skiing	football

D	E	F
sailing	ice skating	horse riding

(Total for Question 18 = 4 marks)

	A	B	C	D	E	F
Example: Annette			X			
(i) Jacques						
(ii) Maxine						
(iii) Loïc						
(iv) Manon						

9

Going out

Excuses, excuses!

C **19** Patrick is inviting friends to go out. Read their replies to his invitation.

> • Je suis désolée mais je dois me laver les cheveux.
> • Mes parents disent que je dois préparer le repas de ma sœur.
> • Je suis malade aujourd'hui.
> • Je n'ai pas le temps.
> • Je n'aurai pas mon argent de poche avant demain.
> • Il va faire du brouillard ce soir.
> • Je serai trop fatiguée pour y aller.
> • Maman dit que je dois me coucher à neuf heures.
> • Ce soir, je vais être obligée de faire la cuisine pour mon frère.

Identify the excuses given. Put a cross in the **four** correct boxes.

Example: I need to wash my hair.	X
A I've spent my pocket money.	
B I'm feeling unwell.	
C I'll be too tired.	
D I need to play with my sister.	
E I need to prepare my brother's meal.	
F The weather will be cold.	
G I don't get my pocket money until tomorrow.	
H I must go out with my parents.	

(Total for Question 19 = 4 marks)

Where shall we go?

G **20** Listen to these young people inviting their friends out. Where do they suggest?

A	B	C	D	E	F
leisure centre	park	swimming	sports stadium	cinema	shopping centre

Put a cross in the correct boxes.

	A	B	C	D	E	F
Example: Jacques					X	
(i) Anna						
(ii) Éric						
(iii) Bella						
(iv) Paul						

(Total for Question 20 = 4 marks)

Weekends

What I did last weekend

 21 Read these accounts of what people do at the weekend.

> **Akua:** Ma mère m'a déjà refusé la permission de sortir jusqu'à dix heures du soir, même pendant le weekend. Ce n'est pas juste! J'ai donc passé le weekend dernier à jouer avec ma nièce.
>
> **Lionel:** Dimanche dernier, je suis rentré à dix heures et demie du soir et mes parents ne m'ont rien dit. Ils ne m'ont jamais refusé les sorties, sauf si j'avais un examen le lendemain.
>
> **Zinedine:** J'ai toujours adoré le weekend. Je ne refuse jamais la possibilité de sortir le samedi soir. J'ai pu sortir samedi dernier, mais j'ai été obligé de rentrer pour dix heures du soir, comme d'habitude.

Put a cross in the correct box.

	Akua	Lionel	Zinedine	
Example: Who loves weekends?			X	Be careful! Just because you spot a certain time of day, that may not be the correct answer.
(a) Who has most freedom in terms of social life?				
(b) Who needed to be back home by 10pm last Saturday?				
(c) Who thinks arrangements are unfair?				
(d) Who accepts all offers to go out on Saturday?				

(Total for Question 21 = 4 marks)

Last Saturday

 22 André, Betty and Cyril are talking about Saturday evening.

Who says the following? Listen and put a cross in the correct box.

	André	Betty	Cyril	
Example: I was undecided.	X			Make sure that you do not put more than four crosses. You risk losing a mark for each extra cross you put.
(a) I was paid to baby-sit.				
(b) I had been invited to a party.				
(c) I had to walk home.				
(d) I enjoyed my evening.				

(Total for Question 22 = 4 marks)

TV programmes

I would like to watch ...

G

23 Look at these categories of TV programmes.

A	B	C	D	E
dessin animé	documentaire	sport	jeu télévisé	film comique

F	G	H	I
série médicale	cuisine	musique classique	film policier

Which programme should each person watch? Write the correct **letter**.

Example: Liliane would like to watch the rugby match.   ....C....

(a) Guillaume wants a few tips on cooking fish.   ....

(b) Valérie is interested in detective dramas.   ....

(c) The young twins love watching cartoons.   ....

(d) Gérard will watch a programme on pollution.   ....

> Start with the ones you can do most easily.

(Total for Question 23 = 4 marks)

What's on?

D

24 Listen to Aline and her husband Frédéric discussing television programmes.

What do they say?

> Try to work out what you are going to hear when the French speaker mentions these types of programme.

A	B	C	D	E	F
factual programmes	films	news	cartoons	games shows	soap operas

Fill in the correct word.

Example: Aline likes watching ..films... .

(a) Aline is bored by the ....

(b) Frédéric recommends the ....

(c) Aline likes to watch the .... each evening.

(d) For Aline, the .... are on too late.

(Total for Question 24 = 4 marks)

Cinema

 At the cinema

 25 Read the following article.

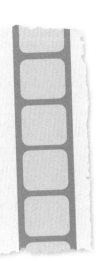

Si vous aimez le cinéma, profitez donc de nos offres exceptionnelles pour le mois de janvier.

Tout le monde peut profiter de ces réductions! Mais n'hésitez pas trop avant de réserver vos billets, car les places vont partir très vite.

Dans la salle de cinéma, n'oubliez pas d'être assis à votre place avant le début de la séance et d'éteindre votre portable. Nous vous en remercions d'avance.

Bien entendu, on invite les personnes de tous les âges à venir voir les films, mais pensez surtout aux jeunes enfants qui se fatiguent facilement et qui perdent souvent leur concentration pendant les séances du soir.

Rappelez-vous également que nos chers clients peuvent garer leur voiture gratuitement et en toute sécurité dans notre parking souterrain.

Answer the following questions **in English**.

(a) During January, who can take advantage of the reduced-price seats? **(1 mark)**

....

(b) Why exactly is early booking advised? .... **(1 mark)**

(c) What must spectators not forget to do, once in the screening room? **(2 marks)**

  (i) ....

  (ii) ....

(d) Give two reasons why bringing children to evening films may not be advisable. **(2 marks)**

  (i) ....

  (ii) ....

(e) Name two advantages of using the cinema's own car park. **(2 marks)**

  (i) .... **(ii)** ....

(Total for Question 25 = 8 marks)

 An interesting film

26 Listen to Romain talking about a film he has seen. Answer the questions by putting a cross in the correct box.

Example: Romain saw a … **A** documentary. ☐ **B** horror film. ☐ **C** crime film. ☒

(i) He saw the film in … **A** Britain. ☐ **B** Bruges. ☐ **C** Quebec. ☐

(ii) The film was … **A** sub-titled. ☐ **B** in black and white. ☐ **C** in English. ☐

(iii) The main character was the … **A** hired killer. ☐ **B** victim. ☐ **C** town of Bruges. ☐

(iv) Bernard liked the … **A** special effects. ☐ **B** main character. ☐ **C** violence. ☐

(Total for Question 26 = 4 marks)

Music

The concert

27 Read this article about music.

> Je m'appelle Adrienne et j'ai seize ans. Je trouve que la musique est géniale!
>
> D'habitude, je ne peux pas aller aux concerts parce que ça coûte trop cher. Récemment, ma mère a dit «oui» et m'a acheté un billet car le concert en question n'allait pas finir trop tard. Papa n'était pas d'accord!
>
> La date du grand concert est arrivée. J'y suis allée avec deux amies qui vont de temps en temps aux concerts. (Elles aimeraient bien y aller plus souvent.) La soirée était fantastique car la chanteuse avait une très belle voix et elle a chanté pendant deux heures. Malheureusement, j'ai perdu tout mon argent.

Answer these questions, by putting a cross in the correct box.

(a) Unfortunately, concerts tend to …

(i) finish too late.	
(ii) cost too much.	
(iii) be boring.	

(b) The ticket was paid for by …

(i) Adrienne's mother.	
(ii) Adrienne's father.	
(iii) Adrienne.	

(c) Adrienne's friends …

(i) rarely go to concerts.	
(ii) occasionally go to concerts.	
(iii) often go to concerts.	

(d) One negative aspect of the evening was …

(i) the time the concert lasted.	
(ii) that Adrienne lost her money.	
(iii) that the singer lost her voice.	

(Total for Question 27 = 4 marks)

A young singer

28 Listen to this radio item about Stromae.

Complete the sentences by putting a cross in the correct box.

(a) Stromae comes from …

A Belgium.	
B Milan.	
C Berlin.	

(b) He worked in a night club in order to …

A pay to go to the cinema.	
B pay for his studies.	
C buy clothes.	

(c) When he was 18 he used to wear …

A a bow tie.	
B a tracksuit.	
C a formal suit.	

(d) Stromae has fans …

A everywhere in Europe.	
B worldwide.	
C only in his home country.	

(Total for Question 28 = 4 marks)

Online activities

 What I do

 29 Read this passage about Pierre's attitude towards new technology.

> Lorsque j'ai du temps libre en fin de soirée, j'essaie de m'asseoir devant mon ordinateur portable, sans avoir mes petits frères sous les pieds. Ils m'énervent de temps en temps. Je commence donc par contacter mes amis. La plupart habitent en banlieue parisienne comme moi, mais certains sont allés à l'étranger pour trouver des ouvertures professionnelles qui manquent chez nous.
>
> De temps en temps, je réussis à gagner un peu d'argent en utilisant l'Internet. Par exemple, j'ai déjà répondu à quelques sondages en ligne et j'ai reçu un peu d'argent chaque fois. On ne gagne pas énormément, mais je trouve que c'est une bonne façon d'utiliser son temps. Je suis intéressé par tous les aspects de l'informatique, surtout les jeux. Si je pouvais en inventer, je voudrais en faire ma profession.
>
> Mais n'oublions pas que les ordinateurs peuvent aussi créer des problèmes. Déjà, je n'arrête pas de tomber sur des virus, ce qui peut me faire perdre pas mal de temps. C'est très embêtant. Je trouve de plus en plus difficile de protéger mes détails personnels quand j'utilise l'Internet, même pour m'amuser.

(a) Choose the correct ending for each statement, from the list on the right.

Example: Pierre aime trouver le temps …

(i) Les amis de Pierre peuvent …

(ii) En région parisienne, les ouvertures professionnelles …

(iii) On peut même utiliser l'ordinateur …

(iv) Pierre aimerait gagner de l'argent …

(v) Pierre est énervé …

(vi) Protéger ses détails personnels …

A	gagner de l'argent
B	rester à la maison
C	faire très attention
D	d'utiliser son ordinateur portable.
E	sont assez limitées.
F	par les virus.
G	l'énerver.
H	en inventant des jeux d'ordinateur.
I	ne manquent plus.
J	pour gagner de l'argent.
K	être contactés en utilisant l'ordinateur.
L	ce n'est pas facile.

Example: ..D..   **(i)** ……   **(ii)** ……

(iii) ……   **(iv)** ……   **(v)** ……   **(vi)** ……

(b) Put a cross next to each statement that matches the text above.

(i) De temps en temps, les frères de Pierre …

A l'agacent	
B l'aident	
C lui téléphonent	

(ii) Les sondages permettent aux gens …

A de recevoir beaucoup d'argent	
B d'être payés	
C d'être riches	

(Total for Question 29 = 8 marks)

Daily routine

 What do I do when?

D **30** Look at these daily routines.

A	B	C	D
Begin homework at 9pm	Sister in bed after 10pm	Walking the dog at 8pm	Eat lunch at about 12:30

E	F	G	H
Shower at 7:15	Take bath at 7:30	Lunch not available at 12:30	Complete homework by 9pm

I	J	K	L
Sister in bed before 10pm	Finish lunch by 12:30	Shower at 7:30	Sister goes to bed at 10pm

Identify each daily routine mentioned below. Choose the correct letter from above.

Example: Je dois promener le chien à huit heures.	C
(i) Il est déjà sept heures et demie. Alors, je prends une douche rapide!	
(ii) Je voudrais commencer mes devoirs à neuf heures du soir.	
(iii) Ma petite sœur se couche avant dix heures du soir.	
(iv) À la cantine, on déjeune vers midi et demi.	

> Don't just look at the time. You need to look at other details, too.

(Total for Question 30 = 4 marks)

 Morning at home

C **31** Listen to Sarah, Francis and Mélissa talking about their morning routine.

Who says what?

A	B	C
Sarah	Francis	Mélissa

Put the correct letter in the boxes.

Example: I get up at 6.30 am.	A
(i) I leave the bathroom at 7.00 am.	
(ii) I eat breakfast quickly.	
(iii) I get my own breakfast.	
(iv) I spend too long in the bathroom.	

(Total for Question 31 = 4 marks)

Breakfast time

Amandine's breakfast routine

E

32 Read what Amandine says about her routine for breakfast.

> Je prends le petit déjeuner à sept heures et quart parce que je dois prendre le bus de huit heures. Moi, je n'aime pas les céréales, alors je mange tout simplement du pain grillé. Comme boisson, je préfère prendre du thé car je déteste le café.
>
> Par contre, je préfère le repas du soir parce que nous sommes en famille.

Answer the following questions in English.
You do not need to answer in full sentences.

> Don't offer too much information in your answers.

(a) At what time does Amandine have breakfast? ....

(b) What does she eat for breakfast? ....

(c) What does Amandine like to drink? ....

(d) Which meal does Amandine like more than breakfast? ....

(Total for Question 32 = 4 marks)

What do they eat for breakfast?

C

33 Aline, Pierre and Bernadette are talking about their breakfast.

What do they eat? Listen and put a cross in the correct box.

Example: In the morning, Aline has …

A cereal.	
B a croissant.	
C bread and butter.	X

(a) On her bread and butter Aline puts …

A jam.	
B honey.	
C ham.	

(c) At the weekend, Pierre eats …

A eggs.	
B a grapefruit.	
C a croissant.	

(b) On weekdays, Pierre drinks …

A cold milk.	
B coffee.	
C tea.	

(d) Before school, Bernadette eats …

A nothing.	
B a ham sandwich.	
C only part of her breakfast.	

(Total for Question 33 = 4 marks)

Eating at home

A birthday celebration

34 Read Sylvestre's account of his mother's birthday.

> Je ne vais jamais oublier le repas extraordinaire que nous avons fait chez nous il y a un mois. C'était pour fêter les soixante-quinze ans de ma mère. Nous lui avions demandé si elle voulait bien inviter ses amis, mais elle a dit qu'elle pourrait trouver ça assez stressant et que son rhume n'était pas complètement parti.
>
> Mon père a tout préparé car il a voulu montrer à toute la famille qu'il était doué pour faire la cuisine et il pensait que Maman méritait de se détendre le jour de son anniversaire. J'ai été très surpris par la qualité supérieure de ce que nous avons mangé, alors que ma sœur n'a rien aimé.
>
> Quand elle a compris que Papa avait préparé ce repas merveilleux, Maman a été très reconnaissante et a trouvé ça incroyable.
>
> Hier, elle m'a dit qu'elle espère qu'il va recommencer avec le repas de Noël!

Answer the following questions in English.

You do not need to answer in full sentences.

> You don't need to write full sentences. Only give the answer needed. If you add more, you may give some wrong information and lose marks.

(a) How long ago was this special meal?

....

.... **(1 mark)**

(b) Why didn't the mother want to invite lots of other guests?
Give **two** reasons.   **(2 marks)**

  (i) ....

  (ii) ....

(c) What did the father seek to do by cooking the birthday meal? Give **two** answers. **(2 marks)**

  (i) ....

  (ii) ....

(d) What did Sylvestre's sister think of the meal? .... **(1 mark)**

(e) What was the mother's initial reaction when she realised who had cooked the meal?
Give **two** answers.   **(2 marks)**

  (i) ....

  (ii) ....

(Total for Question 34 = 8 marks)

Healthy eating

  Who eats what?

B 35 Read these people's views on sugar in food.

Vos avis sont importants!	
Michelle:	J'essaie de ne pas manger trop de sucreries.
Robert:	Je ne peux jamais résister aux plats sucrés.
Suzanne:	Trop de sucre, ça me donne mal au cœur.
Anne:	Les fraises sont meilleures si on met un peu de sucre dessus.
Ibrahim:	Le sucre, j'en ai horreur!
Pauline:	À mon avis, un peu de sucre ne fait pas de mal.
Roger:	C'est le médecin qui m'a dit de réduire la quantité de sucre que je mange.
Souad:	À mon avis, le café est meilleur sans sucre.
Benjamin:	Pour avoir de belles dents, n'exagérez pas avec le sucre!

Who says what? Write the correct name in the table below.

Example: Coffee is better without sugar.	Souad
(a) I have been advised to eat less sugar.	
(b) I can't stand sugar.	
(c) I think that a small amount of sugar does no harm.	
(d) I have difficulty saying "no" to sweet foods.	

(Total for Question 35 = 4 marks)

  Food choices

B 36 Listen to these young people talking about food. What reasons are given for not eating something?

A	too acid
B	gives me constipation
C	gives me spots
D	not enough vitamins
E	too much fat
F	too much sugar
G	not enough taste
H	gives me a headache
I	gives me a stomach ache

Put the correct letter in the boxes.

Example: cheese	H
(i) mayonnaise	
(ii) vegetables	
(iii) grapefruit	
(iv) chocolate	

(Total for Question 36 = 4 marks)

Health problems

A healthy lifestyle

37 Read this article about Annie's attitude towards eating, drinking and smoking.

> Ce que je mange: je peux résister à tout, sauf à la tentation de manger quelque chose de super bon! Le matin, je suis très pressée de partir au bureau, alors je n'ai que rarement le temps de prendre mon petit déjeuner, ce qui ne fait pas plaisir à ma mère. Par contre, je mange assez sainement à midi car notre restaurant du travail propose tout un choix de salades et d'autres plats légers. Je ne suis pas végétarienne, mais j'essaie de limiter ma consommation de bœuf car un ami médecin m'a dit que ce n'est pas recommandé.
>
> Ce que je bois: je n'ai jamais eu envie de choisir des boissons alcoolisées, alors que presque tous mes amis en boivent depuis des années. Les boissons sucrées ne m'intéressent pas parce que j'ai envie de garder de belles dents.
>
> Le tabac: l'un de mes meilleurs amis fume depuis quelques mois et j'ai envie de lui dire qu'il doit arrêter. Sinon, il va avoir une dépendance au tabac. Je sais qu'il aurait peur de prendre du poids si jamais il arrêtait de fumer. Cependant je sais que le tabac finira par avoir un effet négatif sur sa santé. Je vais lui en parler demain, même si ça l'énerve!

(a) Put a cross next to the four correct statements below.

Example: Annie aime la bonne nourriture.	X
A Annie ne prend jamais de petit déjeuner.	
B Annie peut choisir un plat sain à l'heure du déjeuner.	
C Il n'y a que des salades comme plats sains au restaurant du travail.	
D Annie aimerait bien être végétarienne.	
E La plupart des amis d'Annie prennent des boissons alcoolisées.	
F Annie essaie de faire attention à ses dents.	
G Annie n'a jamais eu envie de fumer.	
H Annie pense que son ami qui fume va avoir des problèmes de santé.	

(b) Put a cross next to the correct answer.

(i) Annie essaie de ne pas manger trop …

A de salades.	
B de bœuf.	
C de viande.	

(ii) Les boissons alcoolisées n'intéressent pas …

A Annie.	
B les amis d'Annie.	
C la mère d'Annie.	

(iii) Annie a envie d'aider …

A son ami qui fume.	
B son ami à perdre du poids.	
C son ami à prendre un peu de poids.	

(iv) Annie a pris la décision …

A d'énerver son ami.	
B de commencer à fumer.	
C de discuter avec son ami.	

(Total for Question 37 = 8 marks)

Visitor information

A new shopping centre

E

1 You see this advertisement for a shopping centre.

Centre Commercial de la Falaise

Ce nouveau centre commercial vous propose:

▷ Cent-dix magasins
▷ Parking gratuit
▷ Cinq salles de cinéma
▷ Grand choix de restaurants et de cafés

▷ À trois kilomètres de l'autoroute A6
▷ Le centre commercial est non-fumeur.

**Ouvert entre 10 heures et 19 heures du lundi au samedi
Fermé le dimanche**

Answer the following questions in English. You do not need to answer in full sentences.

> Remember to answer the questions in English.

(a) How many shops are there? ....

(b) On which day or days is the centre closed? ....

(c) How far is the centre from the nearest motorway? ....

(d) What restriction is placed upon visitors? ....

(Total for Question 1 = 4 marks)

A visit to the zoo

C

2 Listen to this advertisement for the Big Cats Zoo at Nesles.

Complete the sentences by putting a cross in the correct box.

Example: The park is home to …

A 120 cats.	
B 140 cats.	X
C 160 cats.	

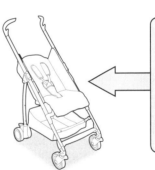

une poussette

> If there is a picture at the top of the question it is probably important. It might give you the meaning of a word you need to know in the text you are going to hear.

(a) In summer, the zoo opens at …

A 9.15am.	
B 9.30am.	
C 9.45am.	

(b) The annual closure ends on …

A 27 February.	
B 7 February.	
C 17 February.	

(c) Children pay less if they are aged under …

A 10.	
B 12.	
C 16.	

(d) You may not take into the zoo …

A your own dog.	
B food for the animals.	
C your mobile phone.	

(Total for Question 2 = 4 marks)

Things to do in town

Holidays in Saint-Malo

D 3 Read this e-mail about Annie's experience of Saint-Malo.

○ ○ ○
⊘   ⤺   ⤶   ⤷   🖨
effacer   répondre   répondre à tous   avant   imprimer

Tous les ans, ma famille et moi, nous passons une semaine de vacances dans la ville de Saint- Malo. En général, nous restons dans un hôtel qui est situé en face de la mer.
La plage est belle, mais je trouve que la mer est trop froide pour faire de la natation.
Beaucoup de touristes britanniques visitent Saint-Malo.
Beaucoup de restaurants de Saint-Malo ont une bonne réputation! La plupart des touristes adorent dîner dans les nombreux restaurants qui servent du poisson et des fruits de mer. En ville, ma mère préfère aller dans les magasins de souvenirs, alors que mon père adore voir les beaux bateaux dans le vieux port. Personnellement, je n'aime pas le jour du marché car il y a trop de touristes!

> Beware of how certain expressions can alter the meaning of a text, e.g. 'trop', 'beaucoup', 'nombreux', 'la plupart'.

Put a cross in the **four** correct boxes.

Example: Annie's family visits Saint-Malo every year.	X
A The family's visit lasts two weeks.	
B The hotel is opposite the sea.	
C Annie enjoys swimming in the sea at Saint-Malo beach.	
D The town doesn't receive many British tourists.	
E There are lots of popular restaurants in the town.	
F Fish is often available in the restaurants.	
G Annie's father likes to shop for souvenirs.	
H Annie is not enthusiastic about market day in Saint-Malo.	

(Total for Question 3 = 4 marks)

Going on an outing

C 4 Listen. Who wants to do what? Put a cross in the correct column.

	A Go shopping	**B** Go to the theatre	**C** Go to the museum	**D** Go to the park	**E** Go skating	**F** Go to the cinema
Example: Lina	X					
(i) Sarah						
(ii) Hugo						
(iii) Amina						
(iv) Gaston						

(Total for Question 4 = 4 marks)

Signs around town

Understanding the signs

5   Read the following signs.

A	B	C
La banque est fermée le samedi.	Ouvert tous les jours de l'année, sauf les jours fériés.	Prenez le bus, c'est très confortable!

D	E	F
Interdit à tous les véhicules entre 9h et 18h, sauf services d'urgence	Tarif réduit pour les moins de dix-huit ans	Le samedi on reste ouvert jusqu'à midi.

G	H	I
La gare est ouverte tous les jours, même les jours fériés.	Trois heures de parking gratuit, tous les jours	Garez votre voiture gratuitement, toute la journée!

Choose the correct letter from the signs above.

Example: Discounts for people under 18 years old	E
(i) Restrictions on traffic	
(ii) Free parking all day	
(iii) Not open on Saturday mornings	
(iv) Open every day	

(Total for Question 5 = 4 marks)

Opening times

6   Listen to the information about opening times. At what time do these places open?

A	B	C	D	E	F
butcher's	leisure centre	library	station	shopping centre	bakery

Put the correct letter next to the opening time:

Example: 5 a.m.	D
(i) 6 a.m.	
(ii) 7.30 a.m.	
(iii) 9 a.m.	
(iv) 10 a.m.	

> Try to jot down some ideas, words or guesses – in French or in English – the first time you hear the text. Do this next to the answer spaces rather than on the grid of suggestions.

(Total for Question 6 = 4 marks)

Travelling by train

Young person's travel card

G

7   You read this advert for the young person's travel card (la carte jeunesse).

> Voyagez! Bougez! Si vous avez entre 16 et 25 ans, pour seulement 40€, vous pouvez profiter de la carte jeunesse. 50% de réductions sur tous vos voyages si vous partez et revenez entre le vendredi après-midi et le dimanche après-midi. La carte est valable du 1er juin au 30 septembre sur toutes les lignes SNCF (sauf dans la région parisienne). Pour les TGV, il faut réserver à l'avance.
>
> En plus, vous avez droit à une réduction de 50% sur tous les bateaux entre la France et l'Angleterre – avec une couchette gratuite.
>
> Vous pouvez acheter votre carte dans toutes les gares SNCF et les agences de voyage. Il faut juste une pièce d'identité indiquant votre date de naissance et une photo.
>
> Pour plus d'informations vous pouvez consulter notre site Internet.

Put a cross in the **four** correct boxes.

Example: The travel card is for young people under 25.	X
A You can buy the card on line.	
B You can use the card all year round.	
C You get reductions if you travel at the weekend.	
D You can go to England free.	
E Your age is checked.	
F You have to book for certain trains.	
G You can use the card on all trains.	
H You get a free berth on boats between England and France.	

(Total for Question 7 = 4 marks)

The class outing

> Make good use of reading time before you listen. Try to work out what words you might be going to hear.

F

8   The class are waiting at the railway station.

A	B	C	D	E	F
café	toilet	sitting on suitcase	telephone	magazine kiosk	waiting room

Where have these people gone? Listen and put the correct letter next to each name.

Example: Thomas	B
(i) Daniella	
(ii) Noah	
(iii) Raphaël	
(iv) Nanette	

(Total for Question 8 = 4 marks)

Weather

What is the weather like?

E 9 Look at these weather types.

A	B	C	D	E	F
sun	snow	fog	rain	wind	cold

Put a cross in the correct box for each weather type.

	A	B	C	D	E	F
Example: À Lille, il pleut beaucoup!				X		
(i) Aujourd'hui, il neige à Marseille!						
(ii) Dans les Alpes, il y a un beau soleil.						
(iii) À Metz, le vent cause des problèmes.						
(iv) Qu'est-ce qu'il fait froid à Paris!						

(Total for Question 9 = 4 marks)

Today's weather

E 10 Listen to this weather report.

Choose words from the box to write the correct labels on the map.

> Before you listen, make sure you know how to say 'north', 'south', 'east' and 'west' in French.

sunny	cold	windy	foggy	raining	snowing

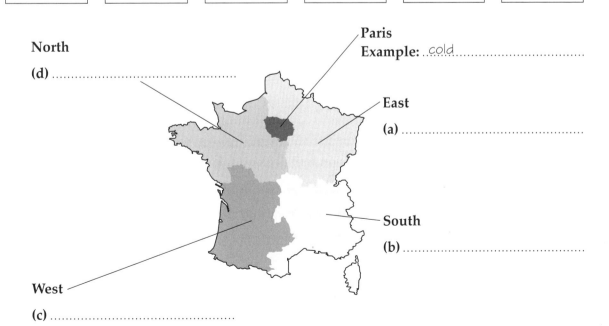

Paris
Example: ...cold...................................

North
(d) ....

East
(a) ....

South
(b) ....

West
(c) ....

(Total for Question 10 = 4 marks)

Places in town

Where in town should they go?

11 Look at these places in town.

A	B	C
boulangerie	château	piscine

D	E	F
magasin de souvenirs	boucherie	parc

G	H	I
pharmacie	marché	slade

Write the correct **letter** to show where each person should go.

Example: Marc needs to buy some fresh fruit and vegetables. ......H.✓.............................

(a) Annie would like to watch the football match. ....

(b) Vincent is buying meat for dinner. ....

(c) Historic buildings interest Fatima. ....

(d) Stéphanie needs something for a sore throat. ....

(Total for Question 11 = 4 marks)

My town

12 Listen to Bernard talking about Brussels and Tubize.

Answer the following questions in English.

(a) (i) Why does Bernard often return to Brussels?

....**(1 mark)**

(ii) What sort of shop does he like to visit? ....**(1 mark)**

(iii) Why does he like these shops? ....

....**(1 mark)**

(iv) Where did he go to look at men's fashions?

....**(1 mark)**

(b) (i) What sort of exhibition will Bernard take his penfriend to?

....**(1 mark)**

(ii) What two details do we learn about the building which houses this exhibition?

....

....**(2 marks)**

(iii) Why will Bernard's friend like Brussels?

....**(1 mark)**

(Total for Question 12 = 8 marks)

Opinions of where you live

Where I live

 13 Read what these young men say about their local area.

> **David**: Dans ma ville, il y a beaucoup de possibilités pour les personnes qui désirent faire du sport. Par contre, il n'y a plus de cinéma. En hiver, il fait très froid, mais le beau temps arrive au mois de mai!
>
> **Luc:** Ça fait dix ans que j'habite par ici et je trouve qu'il ne fait jamais froid. Je n'aimerais pas quitter ma région parce que tous mes amis sont ici. La seule difficulté pour moi, c'est qu'il n'y a pas beaucoup de complexes sportives.
>
> **Zachary:** Ma ville propose toutes sortes d'activités, comme les théâtres, les cinémas et les complexes sportifs. Malheureusement, je ne vais pas rester dans cette ville parce que je ne pourrai pas y trouver un bon travail.

Put a cross in the correct box.

	David	Luc	Zachary
Example: Who has lived in the same area for ten years?		X	
(a) Who has decided to leave the area where he lives?			
(b) Who lives in a town with few possibilities for sport?			
(c) Who never experiences cold weather where he lives?			
(d) Who lives in a town where there used to be a cinema?			

(Total for Question 13 = 4 marks)

My home town

14 Listen to Laure talking about the advantages and disadvantages of her town. Which things does she mention? Choose the correct letters and write them in the appropriate column.

A	lack of traffic
B	the cycle paths
C	the shops
D	the outdoor activities
E	climbing in the mountains
F	getting to school
G	the neighbours

> Remember that you are not being asked about your attitude toward your town. Listen very carefully. Each of the items in this list could be an advantage or a disadvantage, and not all of them are mentioned.

☺	☹
Example: A	

(Total for Question 14 = 4 marks)

Describing a town

Where I grew up

15 Read Marion's description of the town where she grew up.

> Moi, j'ai passé une enfance qui n'avait rien d'extraordinaire dans une petite ville minière du nord de la France. Je garderai toujours le souvenir des mineurs qui rentraient à la maison, heureux d'avoir terminé une journée de travail et d'anticiper une soirée au cœur de leur famille. Mais ils savaient que tout allait recommencer le lendemain.
>
> Il y a vingt ans, la dernière mine de notre région a fermé définitivement. Évidemment, le taux de chômage a augmenté. Un an plus tard, mes parents nous ont dit que nous allions chercher une nouvelle vie en région parisienne.
>
> Le lendemain de notre arrivée à Paris, mon père a trouvé un travail! Quelle chance! Figurez-vous qu'il y est resté jusqu'au moment de sa retraite, quinze ans plus tard. J'ai bien aimé vivre à Paris, mais l'ambiance chaleureuse de ma petite ville d'origine me manquait de temps en temps.

> Whenever you meet the verb 'manquer', check its various meanings.

Answer the following questions in English.

(a) What overall initial impression does Marion give of her childhood? **(1 mark)**

....

(b) Why were the miners happy? Give two reasons. **(2 marks)**

   (i) ....

   (ii) ....

(c) What two things happened twenty years ago in Marion's region? **(2 marks)**

   (i) ....

   (ii) ....

(d) How long did it take Marion's father to find work in Paris? **(1 mark)**

....

(e) What happened fifteen years later? .... **(1 mark)**

....

(f) What did Marion miss about her childhood town? **(1 mark)**

....

(Total for Question 15 = 8 marks)

Holiday destinations

Amélie's choice of holiday

16 Read Amélie's views on holiday destinations.

> Il n'y a rien de plus beau qu'un paysage couvert de neige.
>
> Mon dernier séjour à la montagne, c'était comme un beau rêve! Bien sûr, je n'aurais jamais pu résister à cette gentille invitation de partir la veille de Noël en vacances de neige. Mais on ne peut pas imaginer comme c'est cher de faire du ski! Déjà, la location d'un appartement, ça coûte pas mal d'argent. Puis, il ne faut pas oublier les skis qu'on doit louer, sauf si on décide d'en acheter.
>
> Je suis sûre que je vais être obligée de dépenser moins d'argent pour mes prochaines vacances. Alors, où est-ce que je vais partir cette année? Je n'en sais rien. Moi, passer mes vacances à la plage en train de me bronzer? Ce qui est sûr, c'est que je m'y ennuierais énormément. Peut-être que j'aurai envie de passer une petite semaine tranquille à la campagne, car j'en ai marre de faire du tourisme dans les grandes villes.

Put a cross next to the four correct statements.

Example: Amélie thinks snow-covered landscapes are beautiful.	X
A Amélie had a dream about beautiful mountain holidays.	
B The invitation to go skiing was refused by Amélie.	
C The ski trip departed the day before Christmas Day.	
D Skiing costs more than one imagines.	
E Well-located apartments are expensive to rent.	
F The next holiday will cost as much as Amélie's last one.	
G Amélie is not keen on beach holidays.	
H Amélie has already visited some major cities.	

(Total for Question 16 = 4 marks)

Going on holiday

17 Listen to where people spend their holidays.

A
mountains

B
beach

C
big cities

D
small village

E
lake

F
countryside

Put a cross in the correct box.

	A	B	C	D	E	F
Example:			X			
(i)						
(ii)						
(iii)						
(iv)						

(Total for Question 17 = 4 marks)

Accommodation

Where are they going to stay?

G   18 Read these types of holiday accommodation.

A	B	C
grand hôtel	auberge de jeunesse	à la montagne

D	E	F
terrain de camping	chalet	à la campagne

G	H	I
appartement	au bord de la mer	caravane

Choose the correct letter from above to match each tourist's choice.

Example: in a chalet	E
(i) in the mountains	
(ii) in a large hotel	
(iii) at the seaside	
(iv) on a campsite	

(Total for Question 18 = 4 marks)

Holiday accommodation

D   19 Listen to these young people talking about their holidays.

Where do they stay? Put a cross in the correct box.

	cousin's house	hotel	city flat	summer camp	rented house	youth hostel
Example: Kevin			X			
(i) Paul						
(ii) Isabelle						
(iii) Éric						
(iv) Éva						

(Total for Question 19 = 4 marks)

Staying in a hotel

What do you think of the hotel?

C 20 Read what people say about a hotel where they stayed.

> **Que pensez-vous de l'hôtel?**
>
> **Marc:** Notre chambre était très propre, ce qui était plus important que le prix que nous avons payé.
>
> **Benjamin:** À mon avis, il y avait beaucoup de bruit, mais ma femme a très bien dormi, c'est l'essentiel!
>
> **Sophie:** Avec mes problèmes de dos, j'ai été contente d'avoir un lit confortable, mais la qualité des repas était notre vraie priorité.
>
> **Fatima:** On a opté pour un petit hôtel qui n'avait que quarante-cinq chambres parce que nous n'aimons plus les hôtels énormes.
>
> **Youssif:** Mes amis ont recommandé cet hôtel pour son restaurant, mais sa plus grande qualité, c'était son quartier calme.

> Beware of irrelevant material in the text, as this may distract you from the correct answer.

What aspect of accommodation is considered the most important by each person?

	A	B	C	D	E	F	G
Example: Marc		X					
Benjamin							
Sophie							
Fatima							
Youssif							

A Neighbourhood
B Cleanliness
C Value for money
D Food
E Sleep quality
F Number of bedrooms
G Personal recommendation

(Total for Question 20 = 4 marks)

Booking a hotel

B 21 Listen to this telephone conversation. Put a cross next to the correct answer.

Example: The caller wishes to book …

A 1 room.	
B 2 rooms.	X
C 3 rooms.	

(a) On 4 June the hotel is …

A closed.	
B full.	
C has only one room free.	

(c) In the rooms she wants …

A twin beds.	
B bunk beds.	
C a double bed.	

(b) She finally decides to stay …

A 3 nights.	
B 4 nights.	
C 5 nights.	

(d) The caller's name is Mademoiselle …

A Jiard.	
B Geard.	
C Giard.	

(Total for Question 21 = 4 marks)

31

Camping

Letter of complaint

C 22 Read this letter.

> Madame/Monsieur,
>
> Il y a quatre semaines nous avons passé le weekend dans votre camping et je ne suis pas du tout contente de notre séjour.
>
> Dans votre brochure vous dites qu'il y a une piscine, des courts de tennis et une salle de jeux, alors qu'en fait la piscine n'était pas encore construite, les courts de tennis étaient fermés et la salle de jeux était si sale qu'on ne pouvait pas y aller. Nous avons apprécié les repas au restaurant, mais le service était lent et les serveurs impolis.
>
> Notre caravane était propre et on avait la télévision par satellite, le téléphone et une petite terrasse, mais elle donnait sur le bar où il y avait de la musique jusqu'à tard dans la nuit et cela nous empêchait de dormir.
>
> Veuillez agréer, Madame/Monsieur, l'expression de mes sentiments distingués.
>
> Madame Paradis

Answer the following questions by putting a cross in the correct box.

(a) The family went to the campsite …

(i) last weekend.	
(ii) last week.	
(iii) last month.	

(c) They weren't happy with …

(i) the restaurant.	
(ii) the waiters.	
(iii) the meal.	

(b) The site didn't have …

(i) a swimming pool.	
(ii) tennis courts.	
(iii) a games room.	

(d) Their lodging …

(i) was dirty.	
(ii) was noisy.	
(iii) didn't have any facilities.	

(Total for Question 22 = 4 marks)

My camping holidays

C 23 Emma is talking about her camping holidays.

What does she like about these holidays? What does she dislike? Write the **four** correct letters in the table on the right.

A the meals
B doing the washing-up
C the colour of the tents
D sharing with her sister
E the beds

	☺	☹
Example: X		—

(Total for Question 23 = 4 marks)

Holiday preferences

Where would you like to go?

24 Read this article about two students' holiday preferences.

> **Pierre:** Moi, je serai très content de partir en vacances, après avoir terminé les examens de fin d'année. On ne pourra pas partir avant le dix juin car l'un de mes amis ne passera son dernier examen que la veille. Puisque nous serons six à partir ensemble en vacances, il va falloir être d'accord sur notre choix de destination. Tous les autres veulent choisir la Grèce, alors que moi, je n'opterais jamais pour un pays où il risque de faire trop chaud pour moi en été.
>
> **Marie:** L'idée de partir en vacances entre amis, ça ne m'intéresse guère. Dans trois mois, je vais avoir vingt ans et je ne me sens pas pressée d'abandonner l'idée de partir en voyage avec mes deux sœurs aînées. La semaine prochaine, nous allons toutes les trois dans une agence de voyage pour réserver notre séjour de trois semaines au Maroc. Si on attend trop longtemps pour se décider, les prix vont peut-être flamber – ce qui nous est déjà arrivé il y a deux ans. Ce serait dommage!

(a) Put a cross next to the **four** correct statements.

Example: Pierre sera content de partir en vacances.	X
A Pierre partira en vacances le jour de son dernier examen.	
B L'un des amis de Pierre doit passer un examen le neuf juin.	
C Seulement un des amis de Pierre a une préférence pour la Grèce.	
D La Grèce, ce n'est pas la destination préférée de Pierre.	
E Marie n'a pas trop envie de partir en vacances avec ses amis.	
F Partir en vacances avec des amis, c'est ce que Marie voudrait surtout faire.	
G Selon Marie, le prix des vacances peut baisser si on attend plus longtemps.	
H Les trois sœurs vont faire des réservations pour les prochaines vacances.	

(b) Put a cross next to each correct answer.

(i) Pierre et cinq amis vont partir en vacances …

A avant la fin des examens.	
B après avoir réussi leurs examens.	
C une fois qu'ils auront tous passé leurs examens.	

(ii) En vacances, Pierre n'aime pas …

A les températures très élevées.	
B être avec ses amis.	
C avoir froid.	

(iii) Marie a …

A plus de vingt ans.	
B moins de vingt ans.	
C vingt ans.	

(iv) Marie ne semble pas prête à …

A abandonner ses amis.	
B partir en vacances avec sa famille.	
C partir en vacances avec des amis.	

(Total for Question 24 = 8 marks)

Holiday activities

Yvette's holiday

F 25 Read Yvette's opinions on things to do on holiday.

Which things does she like to do? Put a cross in the four correct boxes.

Example: J'adore visiter des châteaux!	X
A Je n'aime pas aller au cinéma.	
B Faire les magasins, c'est super.	
C Moi, j'aime bien me promener au parc.	
D Aller à la piscine? Non, merci!	
E Manger au restaurant, c'est assez ennuyeux.	
F Jouer au golf, c'est mon activité favorite.	
G Moi, je déteste faire la queue au marché.	
H Aller au théâtre, c'est une très bonne idée!	

> Look out for positive and negative adjectives to help you identify likes and dislikes.

(Total for Question 25 = 4 marks)

Going to a theme park

B 26 Luc's parents discuss going to a theme park. What makes them choose *La Cité de l'espace*?

Put a cross in the four correct boxes.

A can go by car	
B the price	
C can go by train	
D the closeness to Paris	
E the variety of activities	X
F the number of visitors	
G the size of the park	
H the temperature at that time of year	

> Remember to be very clear about what the question is asking you to do. Here, you must keep firmly in mind the positive points about *La Cité de l'espace* for Luc and his family.

(Total for Question 26 = 4 marks)

Holiday plans

27 Fadela and Paul are looking at holiday brochures. Answer the questions **in English.**

(a) Where in Morocco would Fadela like to go? .... **(1 mark)**

(b) Why would Paul prefer the holiday in Spain to the holiday in Morocco? **(1 mark)**

....

(c) What sport would Fadela like to do in Italy? .... **(1 mark)**

(d) For Paul, what is the attraction of cycling in Spain? .... **(1 mark)**

(Total for Question 27 = 4 marks)

Booking accommodation

A letter of reservation

28 Read the following extract from a letter sent to a hotel.

> Madame/Monsieur,
>
> L'année dernière, nous avons passé des vacances très agréables chez vous, alors nous aimerions réserver un autre séjour dans votre hôtel. J'ai décidé de vous écrire le plus tôt possible pour avoir les meilleures chambres.
>
> Auriez-vous la gentillesse de nous garder des chambres qui donnent sur la piscine, plutôt que sur la mer? Comme ça, nous pourrons surveiller nos enfants car ils ne demandent qu'à passer la plus grande partie de la journée à nager. Ça ne les intéresse pas de rester à l'intérieur.
>
> Cette fois-ci, nous n'allons pas réserver pour dix nuits comme l'année dernière car les dates de nos vols nous limitent à une semaine. Nous avons dû penser aux enfants qui auraient mal supporté l'idée des vols de nuit. Ils se fatiguent facilement et ont tendance à se disputer!
>
> Nous attendons tous avec une certaine impatience l'occasion de nous détendre chez vous.
>
> Pierre Dubois

> Don't give too much information, but do make sure that you give enough! For example, for (b) you will not score if you only write 'best rooms' or 'nice room'.

Answer the following questions in English.

(a) Why are these tourists returning to the same hotel as last year?   **(1 mark)**

....

(b) Why is Pierre Dubois contacting the hotel so soon?   **(1 mark)**

....

(c) What choice of bedroom view does Pierre prefer?   **(1 mark)**

....

(d) Where will the children spend most of their time, when staying at the hotel?   **(1 mark)**

....

(e) How long will the family be staying at the hotel?   **(1 mark)**

....

(f) Give two reasons why they are avoiding night flights?   **(2 marks)**

   (i) ....

   (ii) ....

(g) What are all the members of the family looking forward to doing?   **(1 mark)**

....

(Total for Question 28 = 8 marks)

Holiday plans

Xavier's holiday

29 Read this letter from Xavier about his holiday plans.

> Chère Marianne,
>
> Je vais te parler de ma future visite en Espagne.
>
> L'année dernière, nous y sommes allés en famille, mais cette année, pour changer un peu, je vais y retourner avec mes amis. Je m'ennuie pendant les longs voyages, mais notre vol de nuit ne va durer que deux heures trente. Je n'aimerais pas prendre le bateau pour y aller!
>
> D'habitude, les vacances coûtent cher à Marbella, mais nous allons rester dans l'appartement de ma tante, et donc notre logement sera gratuit. Le soir, nous aurons la possibilité de préparer nos propres repas. Comme activité de vacances, je vais faire de la voile. Moi, je refuse de me bronzer sur la plage parce que c'est barbant.
>
> Vive les vacances!   Xavier

Answer the following questions, by putting a cross in the correct box.

(a) Xavier will spend his holiday with …

   (i)   friends.

   (ii)   members of his family.

   (iii) members of his family and his friends.

(b) Their journey will be by…

   (i)   railway.

   (ii)   plane.

   (iii) ferry.

(c) Their accommodation will be…

   (i)   cheap.

   (ii)   free.

   (iii) expensive.

(d) Xavier will not spend his holiday…

   (i)   windsurfing.

   (ii)   sunbathing.

   (iii) sailing.

(Total for Question 29 = 4 marks)

My next holiday

30 Paul is going on holiday to Morzine. Listen and choose the correct sentence ending from the table on the right. Write the letter in the grid below.

Example: Paul is going with	C
(i) They will stay in …	
(ii) In the mornings he will …	
(iii) In the afternoons he will …	
(iv) In the evening he will …	

A	ski.
B	near a cable car.
C	his whole family.
D	climb.
E	swim.
F	eat out.
G	eat in.
H	a self-catering chalet.
I	take long walks.

(Total for Question 30 = 4 marks)

Holiday experiences

 The end of the holidays

C 31 Ouiême is e-mailing her holiday experiences to her Welsh penfriend.

⊘   ⬑   ⬑   ⬐   🖨
effacer   répondre   répondre à tous   avant   imprimer

Bonjour Angharad!

Malheureusement les vacances sont finies pour moi! Pour la plupart, j'ai passé quinze jours très agréables à Menton. Il a fait chaud tous les jours, mais je n'ai pas pu nager dans la mer parce que l'eau était trop froide pour moi. Cependant j'ai vu plusieurs petits qui semblaient contents de se baigner! Tous les soirs, nous sommes allés à la ville de Nice parce qu'il y avait plus de choses à faire pour les personnes de notre âge. Et qu'est-ce qu'ils sont sympas, les gens de là-bas!

Amicalement,

Ouiême

Put a cross in the **four** correct boxes.

Example: Ouiêmes's holiday is now over.	X
A She spent less than a fortnight in Menton.	
B The holiday experience was pleasant, overall.	
C On certain days, the weather wasn't warm.	
D Everyone found the sea water too cold to swim in.	
E Some children went swimming in the sea.	
F On just one occasion, they visited Nice.	
G Nice offered activities for people of Ouiêmes's age.	
H Ouiêmes was impressed by the friendly nature of the local people.	

(Total for Question 31 = 4 marks)

 Holiday memories

 32 Listen to Juliette talking about a holiday.

Put a cross next to the **four** statements which apply **only** to her friend Lucie and not to Juliette herself.

Example: She always spent her holidays in south-east France.	X
A She sent a text message to her friend.	
B She went to museums with her parents.	
C She spent a holiday in Bordeaux.	
D She travelled by train.	
E She travelled by car.	
F She went to the beach without her friend.	
G She was bored on the journey.	
H She stayed in a 3-star hotel.	

(Total for Question 32 = 4 marks)

Directions

David's e-mail

B 33 Read these directions to David's house.

> Salut Jeremy! Désolé, mais je ne pourrai pas venir te chercher à la gare. En sortant de la gare, ça te prendra une trentaine de minutes à pied. Pour venir chez moi, tu vas tourner à gauche quand tu quitteras la gare. Il y a une petite colline qui ne prend que cinq minutes à monter – ce sera plus facile demain soir quand tu seras sur le chemin du retour! Tourne à droite en face de la station-service. Puis tu vas aller tout droit, jusqu'à la librairie. Là, si tu regardes bien, tu ne pourras pas rater notre magnifique mairie. Par contre, si tu passes directement devant un grand hôpital sur ta gauche, c'est que tu es allé trop loin!
>
> Fais très attention en traversant toutes les routes parce qu'il faut regarder d'abord à gauche, pas comme en Angleterre. Malheureusement, il n'y a que très peu de zones piétonnes chez nous.

Put a cross next to the **four** correct statements.

Example: David lives about thirty minutes walk from the station.	X
A　There is a short hill to walk down.	
B　Part of the route is uphill.	
C　Turn right opposite a petrol station.	
D　There is a library along this route.	
E　At one point, the town hall is visible.	
F　The route passes in front of a hospital.	
G　Jeremy offers road safety advice to David.	
H　Pedestrian zones are rare where David lives.	

(Total for Question 33 = 4 marks)

Getting home

F 34 Listen. How do these teenagers go home? Put a cross in the correct box in the grid.

A	B	C	D	E	F
Turn left	Go straight on	Turn right	Go down a hill	Cross a bridge	Go up a hill

	A	B	C	D	E	F
Example:		X				
(i)						
(ii)						
(iii)						
(iv)						

(Total for Question 34 = 4 marks)

Public transport

How do they travel?

F

35 Look at these types of transport.

A	B	C	D
motorbike	train	bus	tram

E	F	G	H
boat	bike	plane	car

What type of transport does each person mention? Put a cross in the correct box.

	A	B	C	D	E	F	G	H
Example: Je vais prendre le train.		X						
(i) Je vais au collège à vélo.								
(ii) En général, je voyage à moto.								
(iii) L'avion, c'est pour les longs voyages.								
(iv) Prendre ma voiture, c'est très pratique.								

(Total for Question 35 = 4 marks)

Transport

D

36 Marianne is talking about how she gets to places. How does she travel?

A	B	C
bus	bike	underground train

D	E	F
walk	train	car

Listen and put a cross in the correct box.

	A	B	C	D	E	F
Example: to school				X		
(i) to the gym						
(ii) to the museum						
(iii) to the swimming pool						
(iv) to church						

> Double check that you have put the X in the correct box. You can do this at the end of the question if you have time, or at the end of the exam.

(Total for Question 36 = 4 marks)

Transport

A transport blog

B

37 Read the following blog entries from a discussion about holiday transport.

Blog Vacances! Donnez votre opinion!

David: En vacances, j'ai bien aimé prendre les transports en commun.

Manon: J'ai pris la décision de prendre ma propre voiture.

Tamsir: Attendre aux arrêts d'autobus, c'est ennuyeux.

Béatrice: Ça ne me dérange jamais de conduire pendant les vacances.

Hugo: Prendre les transports en commun, ce n'est pas un plaisir pour moi.

Clara: Pour moi, voyager, ça doit représenter une aventure.

Antoine: Malheureusement, le bus ne passe pas devant l'hôtel.

Laure: Pour visiter la région, je vais prendre une voiture de location.

Oscar: En général, l'idée de conduire en vacances ne me plaît pas.

Who says the following? Write the correct name in the table below.

Example: Travelling should be an adventure.	Clara
(a) I don't like driving on holiday.	
(b) I don't like spending time waiting for public transport.	
(c) I'm not keen on public transport.	
(d) I am going to hire a car.	

(Total for Question 37 = 4 marks)

Trams in France

> Keep your short answers as short as possible, but make sure you give all the required information. One word and one number will answer Question (a).

A

38 Listen to the report about trams in France.

Answer the following questions **in English.**

1 **(a)** When were trams at the height of their success in France?   **(1 mark)**

....

(b) Describe what encouraged the popularity of the motor car?   **(2 marks)**

....

....

(c) What effect did this have on trams?   **(1 mark)**

....

2 **(a)** After 1973, what two things encouraged investment in trams?   **(2 marks)**

(i) ....

(ii) ....

(b) How is urban space better used nowadays?   **(1 mark)**

....

(c) How many French towns now have a tram network?   **(1 mark)**

....

(Total for Question 38 = 8 marks)

At the café

What would you like to drink?

F   1   Look at this list of available drinks

A	B	C	D
coffee with milk	tea with lemon	white wine	beer

E	F	G	H
tea with milk	red wine	lemonade	mineral water

What does each person choose to drink? Put a cross in the correct box.

	A	B	C	D	E	F	G	H
Example: Moi, je voudrais une petite limonade.							X	
(i) Un grand verre de vin blanc, s'il vous plaît.								
(ii) J'aimerais bien boire de l'eau minérale.								
(iii) Un thé au citron, ce serait délicieux!								
(iv) Pour moi, ce sera un café au lait.								

(Total for Question 1 = 4 marks)

In the café-bar

> You can see that the answers are going to refer to "things", so concentrate on the nouns while you listen. Nouns often come at the **end** of what is being said.

G   2   Listen. What are these people drinking?

A	B	C
coffee	lemonade	tea

D	E	F
hot chocolate	orange juice	mineral water

Put the correct letter next to the name of the person.

Example: Alain	B
(a) Camille	
(b) Pierre	
(c) Anaïs	
(d) Georges	

(Total for Question 2 = 4 marks)

Had a go ☐ Nearly there ☐ Nailed it! ☐

Eating in a café

A café in Nice

3 Read Wolfgang's account of café life in France.

> Manger au café en France, c'est toujours un grand plaisir pour moi. En général, je choisis les croissants, mais toujours sans beurre parce que je trouve que c'est meilleur avec un peu de confiture de fraise. Mais il est essentiel d'arriver dans un café avant dix heures pour en avoir!
>
> Tous les ans, nous allons dans le même petit café à Nice. Presque toute ma famille trouve que leur gâteau au chocolat est délicieux. Je ne résiste jamais à une deuxième part parce qu'il est impossible de trouver ce dessert chez moi en Allemagne. La recette, c'est un grand secret!
>
> Le soir, on ne mange pas souvent dans les cafés parce que nous préférons aller aux restaurants.

Put a cross in the **four** correct boxes.

Example: Wolfgang always enjoys eating in French cafes.	X
A Wolgang does not have butter on his croissants.	
B In Wolfgang's opinion, raspberry jam improves the taste of the croissants.	
C Wolgang has found that cafés always sell all their croissants by ten o'clock.	
D Wolfgang visits France at least three times a year.	
E The whole family enjoys the chocolate cake.	
F Wolfgang always has a second portion of cake.	
G Back at home in Germany, Wolfgang cannot buy the same dessert.	
H The family never goes to cafés for the evening meal.	

(Total for Question 3 = 4 marks)

A quick snack

4 Loïc is out with his mother. Listen to him talking about what he would like to eat.

A	B	C	D	E	F
chips	water	cheese	sausage	bread	cakes

What does he not want 🙁 and what does he want 🙂 to eat. Put the **four** correct letters in the boxes.

🙁	🙂
Example: F	–

(Total for Question 4 = 4 marks)

Eating in a restaurant

Why I like restaurants

A* 5 Read Vincent's views about restaurants.

La plupart des gens aiment bien dîner au restaurant. Pourquoi? Parce que cela évite un tas de travail! On n'a pas à trouver les ingrédients, c'est quelqu'un d'autre qui prépare le repas et on n'a pas besoin de faire la vaisselle. Si vous habitez au cœur de Paris où les parkings sont limités, vous n'avez même pas l'obligation d'aller au restaurant en voiture car les transports en commun sont excellents. Des centaines de restaurants parisiens sont à votre disposition.

Mais n'oubliez pas qu'il faut gagner un bon salaire pour avoir la possibilité de manger au restaurant si on compte y aller plus d'une fois par semaine, surtout à Paris. À part quelques exceptions, mes amis et moi, nous ne pouvons y aller qu'une fois tous les quinze jours. Quel dommage! Nous aimerions bien dépenser plus pour les soirées au restaurant, mais ce n'est pas dans nos habitudes. Un pourcentage important de mon salaire est destiné à payer les factures mensuelles. J'essaie de les payer tout de suite.

(a) Choose the correct ending for each statement, according to the text above.

Example: En général, les gens aiment manger …

(i) Dîner au restaurant, cela évite de …

(ii) À Paris, on peut trouver …

(iii) Les gens moins bien payés …

(iv) Vincent et ses amis aimeraient aller …

Example: …E…

(i) ……… **(ii)** ………

(iii) ……… **(iv)** ………

A	ne dînent jamais au restaurant.
B	tous les quinze jours au restaurant.
C	plus souvent au restaurant.
D	au restaurant.
E	s'occuper d'autres personnes.
F	faire la vaisselle.
G	des centaines de bons restaurants.
H	énormément de restaurants.
I	ne peuvent pas dîner souvent au restaurant.

(Total for Question 5 = 4 marks)

A birthday meal

A 6 Listen to a couple discussing a birthday outing.

Find the best ending for each sentence.
Put the correct letter in the box.

Example: La crêperie n'a pas assez …	E
(i) Le Mistral a un décor qui rappelle …	
(ii) Chez Gaspard on utilise trop …	
(iii) Au Garnier la cuisine est bonne pour …	
(iv) Au Baxon le couple pourra apprécier …	

A	la campagne.
B	la mer.
C	la santé.
D	les légumes.
E	de sophistication.
F	le luxe
G	la simplicité.
H	de matières grasses.
I	les desserts.

(Total for Question 6 = 4 marks)

Opinions about food

Who says what?

B   7   Read the following comments about food.

Avez-vous bien mangé?

Marianne: Je ne mange jamais au fastfood, même si je suis pressée.

Patrick: Qu'est-ce qu'on a bien mangé au restaurant grec hier soir! On va bientôt y retourner.

Freya: Ce café propose un bon choix de salades au déjeuner.

Sylvestre: Pour le petit déjeuner, tout était à bas prix, sauf les croissants.

Mara: Si on va au fastfood, on ne perdra pas de temps.

Thierry: À mon avis, ce repas indien sera super. J'ai déjà mangé dans ce restaurant l'année dernière.

Ruby: Ce restaurant ne donnait que rarement des portions généreuses.

Joshua: On dit que ce petit café sert de bons croissants pour le petit déjeuner.

Ghislaine: Je n'ai pas pu finir le plat. Quelle énorme portion!

Who mentions the following? Write the correct names in the table below.

Example: A café which offers a range of salads.	Freya
(a) A meal enjoyed very recently.	
(b) One advantage of eating at a fast-food restaurant.	
(c) A recommendation on where to eat breakfast.	
(d) The restaurant didn't tend to serve large portions.	

> If you spot an answer which seems to be correct at first glance, check the whole response, to be absolutely sure.

(Total for Question 7 = 4 marks)

Opinions about food

F   8   Listen to these people talking about food.

A	B	C	D	E	F
fish	cereals	meat	crisps	cauliflower	cheese

> Remember, this question is not asking you what *you* like and dislike. Listen carefully to the speakers to find out their opinions.

What do they like and what do they dislike?

Put the correct letter in the correct column.

	☺	☹
Example:	B	–

(Total for Question 8 = 4 marks)

Restaurant review

An online review

9 Read this online review of a restaurant.

Imaginez que nous y sommes arrivés au Lapin Noir sans réservation! Le gentil patron nous a demandé d'attendre une vingtaine de minutes pour avoir une table dans un coin tranquille. Dans les restaurants de Saint-Malo, il est difficile d'avoir des places le soir, surtout au mois de juillet.

Ma femme a décidé de ne pas prendre d'entrée car elle avait moins faim que moi. Comme plat principal, elle a l'habitude de choisir du poisson, mais ce soir-là, elle a opté pour le poulet breton. Moi, j'ai pris la même chose. Elle m'a dit que c'était délicieux et j'étais d'accord avec elle.

En plus, le chef est venu nous demander si nous étions contents du repas. Je peux dire, sans hésitation, que la qualité des ingrédients était extraordinaire! On nous a également servi un bon vin qui n'était pas cher. Quelle soirée agréable!

"Le Lapin Noir"

Put a cross in the **four** boxes that match what the reviewer thought.

Example: Reservation was not needed.	X
A The restaurant manager sat them down at a table as soon as they arrived.	
B July is the busiest month in Saint-Malo's restaurants.	
C For the meal, the reviewer's wife chose a light starter.	
D The reviewer's wife never chooses fish at a restaurant.	
E The couple both enjoyed the chicken.	
F The chef dealt with a complaint concerning the meal.	
G The meal was prepared with ingredients of very high quality.	
H The wine was reasonably priced.	

(Total for Question 9 = 4 marks)

In the fast-food restaurant

10 On the telephone, Annie is telling her friend about an outing.

Put a cross next to the **four** correct statements.

> Remember that the list will be in the same order as the events in the narrative.

A The tables were dirty.	
B Annie chose orange juice.	
C A kind waiter cleared their table.	
D Annie had green salad with her hamburger.	
E Annie carried their tray to the table.	
F Their table was in a corner.	
G Annie spilled her drink.	
H Dad dropped mustard on his trousers.	

(Total for Question 10 = 4 marks)

Shops

Which shop?

F

11 Look at the names of the shops below.

A	B	C
pâtisserie	librairie	confiserie

D	E	F
bijouterie	boucherie	bureau de poste

Which shop should each of these people go to? Put a cross in the correct box.

	A	B	C	D	E	F
Example: On va acheter un gâteau d'anniversaire.	X					
(i) Il ne faut pas oublier les timbres.						
(ii) Je voudrais des bonbons.						
(iii) Je vais offrir un livre à ma grand-mère.						
(iv) Ma mère va m'acheter une montre.						

(Total for Question 11 = 4 marks)

At the shops

E

12 Listen to these young people talking about the shops they go to.

Where do they go?

Put a cross in the correct box

	A Bookshop	B Butcher's shop	C Supermarket	D Cake shop	E Baker's shop	F Clothes shop
Example: Anaïs			X			
(i) Thomas						
(ii) Lola						
(iii) Jacob						
(iv) Gaëlle						

(Total for Question 12 = 4 marks)

Shopping for food

I would like …

G 13 Look at these different foods someone is going to buy.

A	B	C
trois kilos de pommes	une boîte de sardines	trois pains

D	E	F
quatre bananes	trois croissants	un kilo de carottes

G	H	I
une douzaine d'œufs	500 grammes de fromage	cinq tranches de jambon

What types of food are mentioned?

Choose the correct letter for each food item.

Example: carrots	F
(i) bananas	
(ii) cheese	
(iii) bread	
(iv) eggs	

> Always start with the items you can do most easily.

(Total for Question 13 = 4 marks)

At the grocer's

E 14 What does the customer ask for?

Listen and note the details **in English**.

Example: A kilo of …	sugar
(a) A bag of …	
(b) A bottle of …	
(c) A slice of …	
(d) A tin of …	

> Look at the English quantities and try to think of the French before you listen.

(Total for Question 14 = 4 marks)

Shopping

Magali's shopping trip

C   **15** Read about Magali's experience of shopping.

> En général, je fais les magasins le weekend avec mon ami Robert. Samedi dernier, nous y sommes arrivés un peu après huit heures et demie car je voulais être en ville avant l'ouverture des magasins. Robert a passé beaucoup de temps à trouver une veste, mais finalement il en a acheté une dans le troisième magasin où nous sommes allés. Après avoir déjeuné, nous avons fait d'autres magasins parce que je voulais vraiment acheter un roman pour l'anniversaire de ma mère. Deux heures plus tard, nous étions trop fatigués pour continuer nos achats. Alors, nous avons pris un petit café. Après ça, il ne me restait que trente minutes pour trouver un deuxième cadeau pour ma mère. Malheureusement, c'était trop tard car le dernier bus de la journée n'allait pas nous attendre! Je n'ai pas envie de retourner en ville demain, mais je n'ai pas le choix.

What does Magali say about shopping? Put a cross in the **four** correct boxes.

Example: Magali goes shopping on a Saturday morning.	X
A Last Saturday, Magali arrived in town just before eight o'clock.	
B Magali wanted to be in town before the shops opened.	
C Robert managed to find a new jacket.	
D They visited just three shops that day.	
E Magali wanted to buy a book for her mother's birthday.	
F By two o'clock, the friends were both very tired.	
G They relaxed for thirty minutes in the café.	
H They had to wait thirty minutes at the bus stop.	
I Magali will need to return to town the following day.	

(Total for Question 15 = 4 marks)

Shopping lists

G   **16** These people are out shopping. What are they buying?

    A   B   C   D   E   F

Put a cross in the correct box.

	A	B	C	D	E	F
Example:					X	
(i)						
(ii)						
(iii)						
(iv)						

- Look carefully at the pictures before listening. Think what the word is in French.
- As you listen, try to put the number of the question in the correct box above.
- At the end, transfer the letters from the boxes above into the grid.

(Total for Question 16 = 4 marks)

Signs in shops

Understanding the signs

B 17 Read these shop signs.

A N'oubliez pas de garder votre reçu.

D Merci de votre visite.

G Nos soldes commencent le six janvier à dix heures.

B Vous avez jusqu'au six janvier pour avoir dix pour cent de réduction sur vos achats.

E Vous avez trente jours pour échanger ce que vous achetez.

H Les soldes durent jusqu'à la fin du mois.

C Si vous ne payez pas par carte, passez à la caisse numéro vingt.

F Le paiement par carte est autorisé à partir de dix euros.

I On n'accepte pas les paiements par carte.

Which shop sign is being described? Choose the correct letter from above.

Example: Customers are being thanked for visiting the shop.	D
(i) Date on which the sales begin.	
(ii) Receipts should be kept.	
(iii) Which checkout to use if not paying by card.	
(iv) Time limit for exchanging unwanted goods.	

(Total for Question 17 = 4 marks)

Opening times

F 18 A passer-by wants to know the supermarket opening hours. When does the shop open and close?

A 8.00 a.m.   **B** 9.00 a.m.   **C** 11.30 a.m.   **D** 12.00 midday   **E** 1.00 p.m.   **F** 2.00 p.m.

Write in the correct times.

Example: Opening time today ...8.00 a.m...

(a) Closes for lunch today ....

(b) Opens after lunch today ....

(c) Opens on Sundays ....

(d) Closes on Sundays ....

(Total for Question 18 = 4 marks)

Remember that the French use the 24-hour clock, so make sure you revise numbers up to 24.

Clothes and colours

Clothes and colours

G 19 Look at these descriptions of clothes.

A	B	C
une jupe noire	une veste rose	un pantalon bleu

D	E	F
un short vert	des chaussures marron	une cravate rouge

G	H	I
des gants blancs	une casquette jaune	un pull multicolore

Who will buy what? Write the correct letter.

Example: Ibrahim needs a new tie.	F
(i) Amadou is looking for a new pair of shorts.	
(ii) Aïcha would really like to find a skirt.	
(iii) Omar wants to buy a pair of shoes.	
(iv) Rahma needs new trousers for work.	

(Total for Question 19 = 4 marks)

45 Shopping for clothes

B 20 Patrick is out shopping. Listen and complete the sentences by putting a cross in the correct box.

Example: Patrick wants to buy a …

A helmet.	
B cap.	X
C beanie hat.	

(i) Patrick asks for a cap measuring …

A 46 cm.	
B 56 cm.	
C 66 cm.	

(ii) The first cap offered is …

A too small.	
B a little too big.	
C much too big.	

(iii) Patrick finally chooses a hat in …

A green.	
B blue.	
C brown.	

(iv) He is pleased with the cap because it is …

A his favourite colour.	
B the last week it will be available.	
C on special offer.	

(Total for Question 20 = 4 marks)

Shopping for clothes

Going shopping

A

21 Read this advice on shopping for clothes.

> **Samuel:** Moi, j'ai tendance à éviter de faire les magasins de vêtements le samedi parce qu'ils sont trop fréquentés et il n'y a jamais assez de personnel! Si vous n'y êtes jamais allé en semaine, essayez d'y aller le mardi ou le mercredi car les vendeurs auront le temps de vous aider.
>
> **Béatrice:** Pendant les soldes, j'ai essayé de me trouver un nouveau manteau d'hiver. Comme d'habitude, j'ai été déçue parce qu'il ne restait plus que les grandes et les petites tailles. Rentrée à la maison, je n'étais vraiment pas contente parce que j'avais fait des économies d'argent pendant deux mois et puis ça faisait longtemps que je ne m'étais rien acheté.
>
> **Damien:** Si je fais les magasins à la recherche d'une paire de chaussures, je ne peux pas y aller sans ma sœur parce qu'elle a beaucoup de goût lorsqu'il s'agit d'être à la mode.

(a) Give two reasons why Samuel avoids shopping for clothes on Saturdays.   **(2 marks)**

(i) ....

(ii) ....

(b) What is Samuel's suggested benefit of shopping during the week?   **(1 mark)**

....

(c) What exactly was Béatrice hoping to buy? ....**(1 mark)**

(d) Why was Béatrice disappointed when at the shops?   **(1 mark)**

....

(e) Why was Beatrice particularly annoyed on arriving home? (2 reasons)   **(2 marks)**

(i) ....

(ii) ....

(f) Why does Damien sometimes need his sister's help when shopping for shoes?   **(1 mark)**

....

(Total for Question 21 = 8 marks)

In the dress shop

D

22 Zoe is trying on clothes. Her mother is "helping".

What does Zoe think of the clothes? Put a cross in the correct box.

	A blouse	B dress	C jacket
Example: Looks like school uniform.	X		
(i) Colour doesn't suit me.			
(ii) Not big enough.			
(iii) Makes me look fat.			
(iv) Makes me look old.			

(Total for Question 22 = 4 marks)

Returning items

Saying what's wrong

D

23 Read these reasons why customers have returned goods.

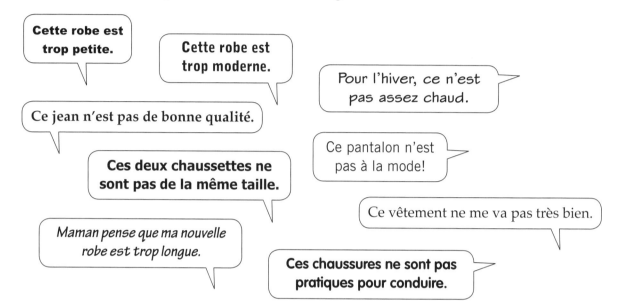

Cette robe est trop petite.

Cette robe est trop moderne.

Pour l'hiver, ce n'est pas assez chaud.

Ce jean n'est pas de bonne qualité.

Ce pantalon n'est pas à la mode!

Ces deux chaussettes ne sont pas de la même taille.

Ce vêtement ne me va pas très bien.

Maman pense que ma nouvelle robe est trop longue.

Ces chaussures ne sont pas pratiques pour conduire.

Why do customers return these goods? Put a cross in the **four** correct boxes.

Example: The dress is too small.			X
A The bad quality of the shirt.		**E** The dress is old-fashioned.	
B The two socks are slightly different in colour.		**F** It's not warm enough in winter.	
C The dress is too long.		**G** The trousers are too trendy.	
D The shoes are unsuitable for driving.		**H** The garment does not suit.	

(Total for Question 23 = 4 marks)

Exchanging goods

D

24 Listen to this conversation in a shop.

> With a partner, practise saying numbers followed by the word *euro*.

Complete the sentences with a word or a number.

Example: The boy wants to exchange a ..... T-shirt ....

(a) The first T-shirt is too .... for him. **(1 mark)**

(b) He thinks the colour is .... **(1 mark)**

(c) The T-shirt costs .... €. **(1 mark)**

(d) The boy exchanges the T-shirt for a size .... **(1 mark)**

(Total for Question 24 = 4 marks)

Internet shopping

Buying online

F **25** These people are ordering goods and services online.

A	B	C
concert tickets	hotel booking	dress

D	E	F
posters	mobile phone	flowers

G	H	I
books	home insurance	train tickets

What do they buy? Choose the correct letter.

Example: Je suis intéressé par la lecture.	G
(i) Je veux voyager entre Paris et Lyon.	
(ii) Je voudrais changer de portable.	
(iii) La musique m'intéresse.	
(iv) Je voudrais réserver une chambre pour trois nuits.	

(Total for Question 25 = 4 marks)

48 **Buying on the internet**

A **26** Jérôme is discussing internet shopping with his mother.

Listen and answer the following questions **in English.**

> Look carefully! Does the question say 'What?' or 'Why?' Don't waste marks by careless reading of the question.

(a) Why does Jérôme buy goods online? **(1 mark)**

....

(b) What criticism does Jérôme's mother have about online shopping sites? **(1 mark)**

....

(c) What advantage does Jérôme mention about doing household shopping **(1 mark)**
on line?

....

....

> Notice that only ONE advantage is required. Try to answer as briefly as possible.

(d) What is the main advantage to Jérôme's mother of shopping in a supermarket? **(1 mark)**

....

....

(Total for Question 26 = 4 marks)

Shopping preferences

What is important?

C 27 Read the following views on shopping.

> ### Parlez-nous du shopping!
>
> **Jeannot:** J'espère qu'il y aura beaucoup de choix au centre commercial.
>
> **Pierrot:** J'aimerais garer ma voiture près des magasins parce que c'est pratique.
>
> **Madeleine:** Je ferai du shopping quand il y aura peu de gens dans les magasins.
>
> **Nadège:** Trouver des vendeurs sympas, c'est très important.
>
> **Luc:** Je préfère ne pas utiliser ma carte de crédit.

What is each person commenting on? Choose from the list below and put a cross in the correct box.

A Payment method

B Price

C Choice

D Convenient parking

E Crowd-free shopping

F Shop staff

	A	B	C	D	E	F
Example: Jeannot			X			
(i) Pierrot						
(ii) Madeleine						
(iii) Nadège						
(iv) Luc						

(Total for Question 27 = 4 marks)

My favourite shops

C 28 Listen to Mimi and Janina talking about shopping.

Who says what? Write the two correct letters under each name.

A I like to get advice about books.

D I go to the supermarket by bus.

B I like shopping in hypermarkets.

E I like to try on clothes.

C I buy my shoes in a hypermarket.

F Shop assistants don't pester you.

Mimi	Janina
Example: B	–

(Total for Question 28 = 4 marks)

At the train station

 Station announcements

 29 At the railway station, you read the announcements below.

What is each message about? Choose the correct letter and write it in the box.

A	B	C
Access to various platforms	Disposing of tickets carefully, before leaving station	Availability of snacks at the station

D	E	F
Additional trains available, later on	The need to purchase train tickets	Safety near the trains

G	H	I
Where to purchase cheaper train tickets	Requirement to show tickets on way out of station	Disruption to train services

Example: Le buffet sera ouvert jusqu'à 21 heures.	C
(i) Ne vous approchez pas du bord du quai!	
(ii) Vous aurez besoin de votre billet à la sortie de la gare. Merci.	
(iii) Si vous voyagez sans billet, ça vous coûtera très cher!	
(iv) Il n'y aura plus de trains ce soir.	

(Total for Question 29 = 4 marks)

 At the station

30 Aline, Jacques and Florence are at the train station.

Who says what? Listen and write the correct name after each sentence.

Aline	Jacques	Florence

Example: I had no small change. ...Aline...

(a) I had to queue at the news stand. ....

(b) The ticket machine was not working. ....

(c) I was given the wrong ticket. ....

(d) The station café wasn't open. ....

(Total for Question 30 = 4 marks)

- Read the questions first and try to work out what you will hear in French.
- Listen to the example. It tells you that each person will speak separately.
- If you don't have time to write down the full name, write a recognisable abbreviation: A for Aline.

Money

 Banking services

A 31 Read the following advice on banking services.

Quelques conseils destinés à nos chers clients

Nous regrettons de vous informer que les personnes de moins de dix-huit ans ne peuvent changer de l'argent dans notre établissment que sur rendez-vous.

Veuillez accepter nos excuses, mais suite à une grève récente, nous n'avons plus de dollars canadiens en ce moment; nous espérons cependant en avoir après-demain. Pour être sûr d'en obtenir, nous vous recommandons d'en réserver au guichet car notre service Internet est en panne jusqu'à mardi.

Pour l'achat de livres sterling, si jamais vous trouvez une offre plus avantageuse dans les sept jours qui suivent votre achat, nous vous rembourserons la différence.

Si vous avez un compte bancaire chez nous, vous n'aurez pas de commission à payer sur l'achat de chèques de voyage. Vous serez également remboursé si vous les perdez.

Si vous achetez notre assurance vie, vous recevrez une assurance vacances gratuite, ainsi qu'un téléphone portable.

Answer the following questions **in English**.

(a) If you are under 18 and you want to change money, what do you need to do?   **(1 mark)**

....

(b) What has caused the bank to run out of Canadian dollars?   **(1 mark)**

....

(c) Where can customers place an order for Canadian dollars?   **(1 mark)**

....

(d) What type of guarantee is placed upon the purchase of Sterling?   **(1 mark)**

....

(e) Give two advantages for bank account holders who purchase travellers' cheques.

   (2 marks)

   (i) ....

   (ii) ....

(f) What two incentives are included in the purchase of life insurance?   **(2 marks)**

   (i) ....

   (ii) ....

(Total for Question 31 = 8 marks)

Travel problems

 At the bus station

E

32 Read these people's opinions of the bus service in their area.

Gare routière de Beulat-sur-Mer

Jamal (mécanicien): À mon avis, ce chauffeur d'autobus est très désagréable.

Fatima (technicienne): Les tickets d'autobus, c'est trop cher!

David (docteur): Le service des autobus commence à huit heures du matin. C'est trop tard!

Sophie (professeur): Je déteste voyager en bus car ce n'est pas confortable.

Answer the following questions **in English**. You do not need to answer in full sentences.

(a) How does Jamal describe a certain bus driver? ....

(b) What is Fatima's reason for disliking bus travel? ....

(c) What does David think about the time of the first bus in the morning? ....

(d) What is Sophie's reason for disliking bus journeys? ....

(Total for Question 32 = 4 marks)

 At the railway station

E

33 What problems are these travellers having at the station?

A
```
toilets closed
```

B
```
train late
```

C
```
no money
```

D
```
suitcase lost
```

E
```
ticket machine broken
```

F
```
wrong ticket
```

Listen and put a cross in the correct box.

	A	B	C	D	E	F
Example:		X				
(i)						
(ii)						
(iii)						
(iv)						

(Total for Question 33 = 4 marks)

Lost property

Who has lost what?

E

34 Look at this list of lost property items.

A	B	C	D	E	F
suitcase	money	laptop computer	hat	football	book

What has each person lost? Write the correct letter for each item.

Example: Je ne peux pas trouver mon ballon de foot!	E
(i) Mon argent, où est mon argent?	
(ii) Vous avez mon joli chapeau?	
(iii) Avez-vous reçu mon livre?	
(iv) J'ai perdu mon ordinateur portable.	

(Total for Question 34 = 4 marks)

A theft

B

35 Listen to this report about a theft.

Put a cross next to the **four** correct statements.

Example: The thief entered the shop at 12.20.	X
A The thief wandered round the shop before the theft.	
B The thief stole a football.	
C The thief hid the item in his jacket.	
D A shop assistant alerted the security guard.	
E The shop manager phoned the police.	
F The street outside was busy.	
G The police took 20 minutes to arrive.	
H The thief was caught but escaped.	

- At Grade B, you will be expected to know past, present and future tenses.

- You will also be expected to know a number of different types of pronouns, not only 'le', 'la', 'les', 'lui', 'leur', 'y' and 'en' but also 'celui-ci', etc.

- Are you clear about the difference between 'avant de' (before) and 'après avoir' (after having)?

(Total for Question 35 = 4 marks)

Problems

Two complaints

36 Read about the problems Laura and Marc have had.

> **Laura:** Hier matin, j'ai fait des courses car il ne restait plus rien dans mon frigo. Je me souviens d'avoir dit à la caissière que le prix de la nourriture avait augmenté. Après être rentrée du supermarché en bus, j'ai, comme toujours, vérifié le reçu et j'ai réalisé qu'il y avait une erreur. Au téléphone, le directeur du magasin s'est excusé de m'avoir fait payer trois bouteilles de vin au lieu de deux. Quand j'y retournerai samedi prochain, il va me rembourser et j'en suis satisfaite. Ce n'est pas dans ma nature de me fâcher!
>
> **Marc:** Le weekend dernier, mon père et moi avons été obligés de louer une voiture car nous voulions rendre visite à ma sœur à Cannes. Malheureusement, le voyage n'a pas duré très longtemps parce que nous sommes tombés en panne d'essence une heure après notre départ. J'étais furieux! Au bureau de location, on nous avait promis qu'ils avaient fait le plein d'essence, une heure avant le départ. Heureusement le camion de dépannage est arrivé après quinze minutes d'attente. Tout est bien qui finit bien!

(a) Put a cross next to the four correct statements.

Example: Laura avait besoin d'acheter des provisions.			X
A Au supermarché, Laura n'a pas voulu parler à la caissière.		**E** Marc et son père ont dû louer une voiture.	
B Le directeur du supermarché était poli.		**F** La voiture de location est tombée en panne.	
C Laura ne vérifie jamais les reçus.		**G** Le camion de dépannage n'a pas mis longtemps.	
D Quand elle retournera au même magasin, Laura recevra un cadeau.		**H** Laura et Marc ont eu le même problème.	

(b) Complete the sentences by putting a cross in the correct box.

(i) Laura a remarqué l'erreur …

A avant de parler à la caissière.	
B une fois rentrée du supermarché.	
C après être retournée au supermarché.	

(ii) Laura n'est pas …

A une cliente facile	
B énervée par ce qui a eu lieu au supermarché.	
C satisfaite de la conclusion.	

(iii) Pendant le voyage en voiture de location …

A ils n'ont pas eu de chance.	
B ils n'ont pas eu de problème.	
C la voiture est tombée en panne deux fois.	

(iv) Le service de dépannage était …

A lent.	
B affreux.	
C très rapide.	

(Total for Question 36 = 8 marks)

School subjects

 Which subject?

G 1 Look at these pictures of school subjects.

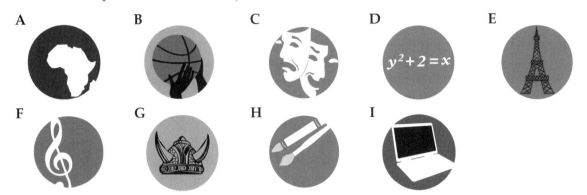

A   B   C   D   E

F   G   H   I

Which subject is being discussed? Write the correct **letter**.

Example: Mon professeur de maths est très sympa. ....D.........

(i)   J'aime bien l'histoire. ....

(ii) Ma matière favorite est l'éducation physique. ....

(iii) Mon amie préfère l'informatique. ....

(iv) Le dessin, c'est super! ....

> Start with the items you can do most easily.

(Total for Question 1 = 4 marks)

 My lessons

C 2 Listen to Lucas talking about his lessons at school.

A   B   C   D

| Chemistry | Physics | ICT | Maths |

E   F   G   H

| History | German | PE | English |

Which subjects is Lucas not interested in and which does he like?

Put the letters in the correct boxes.

😐	🙂
Example: D	–

> How well do you know the vocabulary which expresses opinion? Can you tell the difference between, for example, 'ça me fait rire', 'ça m'est égal' and 'ça ne fait rien'? These are all common expressions which you can find in the Foundation vocabulary list. You need to know some of them to be able to fill in the grid.

(Total for Question 2 = 4 marks)

School life

School activities

E

3   Read about students' break time activities.

Nadine:	J'aime bien parler avec mes amis parce que ce n'est pas possible pendant les cours.
Marc:	À la cantine, ils servent des boissons chaudes. J'adore ça.
Régine:	De temps en temps, je dois finir mes devoirs. Que c'est ennuyeux!
Paolo:	Moi, j'écoute de la musique avec mes copains.
Zéna:	S'il fait froid, je reste au chaud dans une salle de classe.
Armand:	Dans la salle d'informatique, je joue à l'ordinateur si le professeur n'est pas là.

Write the correct name to answer the questions below.

Nadine	Marc	Régine	Paolo	Zéna	Armand

Who …

Example: … listens to music during break? ......Paolo..

(a) … is sensitive to cold weather? ....

(b) … enjoys chatting to friends? ....

(c) … has something to drink? ....

(d) … tries to keep up-to-date with homework? ....

(Total for Question 3 = 4 marks)

Anna's school bag

G

4   What is Anna getting out of her school bag?

A	B	C	D	E	F
exercise book	ruler	apple	pencils	rubber	French book

Listen and put the correct letter in the boxes.

Example:	B
(i)	
(ii)	
(iii)	
(iv)	

Before you do the activity, look in your school bag and see if you can name, in French, all the items in it. If you can't, revise the vocabulary about School before you start.

(Total for Question 4 = 4 marks)

School routine

 Likes and dislikes

F 5 Which parts of school life does Anton dislike?

Put a cross in the **four** correct boxes.

Example: Je déteste arriver au collège le lundi matin!	X
A Manger à la cantine, c'est sympa.	
B L'éducation physique, c'est trop fatigant.	
C J'aime bien parler avec mes amis en classe.	
D Mon professeur de dessin est amusant.	
E Aller à l'école en autobus, c'est ennuyeux.	
F Je n'aime pas faire la queue à la cantine.	
G J'adore jouer pendant la récréation!	
H Mes cours d'italien sont nuls.	

> Take extra care if parts of instructions are in **bold** print.

(Total for Question 5 = 4 marks)

 Morning break

E 6 Listen to Monique talking about her school.

Note the following details **in English**.

> Remember that the 24-hour clock is used in France. Revise the numbers from 1 to 24 carefully.

(a) The time classes end ....

(b) Length of break time ....

(c) Reason given for rushing to school shop ....

(d) Drinks that are sold ....

(Total for Question 6 = 4 marks)

 School

C 7 Where are these pupils going?

A	B	C	D	E	F
canteen	hall	playground	classroom	library	staffroom

Listen and put a cross in the correct box.

	A	B	C	D	E	F
Example:				X		
(i)						
(ii)						
(iii)						
(iv)						

(Total for Question 7 = 4 marks)

Comparing schools

Marie compares schools

D

8 Read Marie's comparison of schools in Paris and London.

> Ici en France, ma semaine au collège commence à huit heures le lundi matin. En général, les cours durent une heure, mais c'est souvent plus court en Angleterre. Moi, je rentre chez moi à l'heure du déjeuner. Mes cours finissent assez tard l'après-midi, sauf le vendredi. En France, nous avons cours le samedi matin. Quelle horreur!
>
> Mon correspondant anglais s'appelle Danny. Il est content d'être élève en Angleterre, mais il aime bien visiter la France. Il n'aime pas la couleur de l'uniforme qu'il porte, mais il dit que c'est confortable. Danny étudie la religion, mais ce n'est pas sa matière préférée. Il pense que les professeurs sont plus sévères en France qu'en Angleterre.

Put a cross next to the four things mentioned.

Example: School starting time in France	X
A Identical length of lessons in both cities	
B Going home for lunch	
C Very late finish to lessons on Fridays	
D Dislike of Saturday morning lessons	
E Danny's liking of school in the UK	
F Marie's opinions on school uniform	
G Danny's favourite subject	
H Teachers being less strict in England	

> Where two or more people are mentioned in a text, make sure that each answer relates to the correct person.

(Total for Question 8 = 4 marks)

Adapting to an English school

A*

9 Listen to Lisa talking to her mother on the telephone.

What does Lisa tell her? Put a cross in the four correct boxes.

Example: The journey to school is short.	X
A School starts earlier than in France.	
B School starts at 8.45 a.m.	
C School starts later than in France.	
D In France she drinks coffee at break time.	
E The teachers are interesting.	
F She must stay in school all day.	
G She can go to the café at break time.	
H She enjoyed the concert.	

> Revise basics! Although this is an A* question, you must be absolutely sure that you know the difference between all the different ways of telling the time.

(Total for Question 9 = 4 marks)

Primary school

What did you do at primary school?

B   10 Read these brief insights into life in a primary school.

A Chaque cours durait trois quarts d'heure.

B On jouait dans la cour pendant la récréation.

C Nous y arrivions à huit heures du matin.

D Dans la cour de récréation, pas trop de règles à suivre!

E L'institutrice pensait qu'il était important d'être polie envers tous ses élèves.

F Il était interdit de jouer pendant les cours.

G La récréation ne durait que dix minutes.

H Notre institutrice nous demandait d'être toujours polis.

I Le dernier cours se terminait à quatre heures.

Which phrase above best matches each English phrase below? Write the correct letter in the box.

Example: The time pupils arrived at school	C
(i) Teacher showing courtesy towards pupils	
(ii) Length of each lesson	
(iii) What pupils did during breaks	
(iv) Rule applied during lessons	

> Be very careful about words with similar spellings which have very different meanings, e.g. 'cours' and 'cour'.

(Total for Question 10 = 4 marks)

My primary school

C   11 Listen to this man recalling his primary school.

Complete the sentences by putting a cross in the correct box.

Example: The man's teacher is called …

A Mr Tissot.	
B Miss Tissot.	X
C Mrs Tissot.	

(i) The pupils only left the classroom for …

A music lessons.	
B science lessons.	
C PE lessons.	

(ii) They went to the football pitch …

A if the teacher was in a good mood.	
B when the weather was fine.	
C to play.	

(iii) Playtime lasted …

A 15 minutes.	
B 20 minutes.	
C 30 minutes.	

(iv) After lunch he loved …

A running races.	
B playing football.	
C chatting with friends.	

(Total for Question 11 = 4 marks)

Issues at school

What must you do?

G 12 Read these classroom instructions and school rules.

A

| Arrivez avant huit heures. |

B

| Sortez vos cahiers. |

C

| Rangez vos livres. |

D

| Écoutez le professeur. |

E

| Pas de téléphones portables |

F

| Regardez le tableau blanc. |

G

| Ne fumez pas. |

H

| Faites vos devoirs. |

I

| Ne mangez pas en classe. |

Which rules are mentioned above? Write the correct letter.

Example: Listen to the teacher.	D
(i) No mobile phones	
(ii) Arrive by eight o'clock	
(iii) Look at the whiteboard	
(iv) No eating in class	

(Total for Question 12 = 4 marks)

A bad day at school

You may hear some impersonal verbs, e.g. 'il faut', 'il est impossible', but remember that each answer must refer specifically to Antoine.

A 13 Listen to Antoine talking about his school day.

Answer the questions **in English.**

(i) Why was the history class so boring for Antoine?   **(1 mark)**

....

(ii) Why does he have to eat in the canteen?   **(1 mark)**

....

(iii) Why does he hate doing so?   **(1 mark)**

....

(iv) Why did he get a detention?   **(1 mark)**

....

(Total for Question 13 = 4 marks)

Future plans

Élodie's education plans

C 14 Read the following extract about Élodie's education plans.

> J'ai l'intention de quitter l'école à l'âge de dix-huit ans. En ce moment j'étudie plus de dix matières au lycée. Au mois d'octobre, je vais commencer mes études à l'université, si je réussis à avoir le diplôme nécessaire. Au mois de juin, je vais passer un examen qui s'appelle le baccalauréat. Ça va me demander beaucoup de temps!
>
> La plupart de mes amis ont décidé de chercher un emploi car ils ne veulent pas entrer à l'université. Mais si je veux avoir assez d'argent à l'université, je serai obligée de travailler à temps partiel. Mes parents ne sont pas assez bien payés pour me donner de l'argent tous les mois, mais ils m'aideront un peu.

Which **four** of the following statements are true? Put a cross in the boxes.

Example: Élodie intends to leave school at 18.	X
A She currently studies ten subjects at school.	
B She is not certain of having a place at university.	
C She will take her baccalauréat in July.	
D She is going to spend a lot of time preparing for the exam.	
E Most of Élodie's friends plan not to go to university.	
F Élodie will need to work full-time whilst studying at university.	
G Élodie's parents are paid on a monthly basis.	
H Élodie's parents will give her some help.	

(Total for Question 14 = 4 marks)

School and beyond

C 15 Listen to Amina talking about her future.

What does she say? Put a cross in the **four** correct boxes.

A I'm doing my GCSE this June.	
B I want to go to the local sixth-form.	
C German is not my best subject.	
D I like talking to foreigners.	
E I've had to repeat Year 11.	
F I'm going to relax in the summer holidays.	
G I'm going to do a course in Spain.	
H I want to be a language teacher.	
I I don't want to go to university.	

> Sometimes a verb will indicate the future because of its meaning and not because it is in the future tense – think of 'espérer' and 'devenir'!

(Total for Question 15 = 4 marks)

In the future

A discussion about work

16 Read this discussion between students about their future plans.

FORUM DES JEUNES: Quel talent aimeriez-vous avoir?
Marie-Flore: Créer et composer de la musique électronique.
Antonin: Je joue du piano depuis un an et j'aimerais être un pianiste virtuose, mais malheureusement pour réussir il faut commencer jeune.
Suzanne: Je voudrais être chanteuse et gagner beaucoup d'argent. Je m'achèterais pas mal de vêtements de luxe!
Dany: Être créatif, pour devenir un grand styliste et concevoir un nouveau look cool.
Amélie: Savoir mixer et pouvoir faire danser une salle pleine pendant des heures.
Christophe: Je voudrais être vedette de cinéma et porter de très beaux vêtements.
Laetitia: Je voudrais faire de la gymnastique comme une championne. Il faut être souple et ça demande beaucoup d'efforts. Il faut s'entraîner cinq ou six heures par jour.
Alice: J'aimerais devenir chirurgienne. Le corps humain m'intéresse beaucoup et j'aimerais aider les gens.

Who makes the following statements? Write the correct names in the table.

Example: I would like to be a film star.	Christophe
(a) I would like to be a DJ.	
(b) I started too late to fulfil my ambition.	
(c) I would like to work in the fashion industry.	
(d) To fulfil my dream I need to be very dedicated.	

(Total for Question 16 = 4 marks)

My dream job

17 Listen to these young people speaking about the job they would like to do.

What do they want to do? Put the correct letters in the boxes on the right.

A Lorry driver
B Firefighter
C Chef
D Fashion model
E Teacher
F Shop manager

Example: Paul	E
(i) Janine	
(ii) Marc	
(iii) Marianne	
(iv) Jacques	

(Total for Question 17 = 4 marks)

Jobs

What do they do?

F 18 Look at this list of jobs.

A	B	C	D
plumber	teacher	vet	nurse

E	F	G	H
driver	chef	sales assistant	mechanic

Which professions are mentioned? Put a cross in the correct boxes.

	A	B	C	D	E	F	G	H
Example: Je travaille avec les enfants.		X						
(i) Ma mère répare des voitures.								
(ii) Mes frères travaillent avec les animaux.								
(iii) Son cousin travaille dans un magasin.								
(iv) Yvette fait la cuisine dans un restaurant.								

(Total for Question 18 = 4 marks)

A working family

E 19 Listen to Christian talking about his family.

Choose from below to fill in the correct occupations.

a driver	a chemist	a cook
an architect	a factory worker	an engineer

Example: Christian's mother is ..... *an architect* ....

(a) His father is ....

(b) His brother is ....

(c) His sister is ....

(d) Christian is ....

(Total for Question 19 = 4 marks)

Job adverts

A newspaper advert

Beware of false friends, e.g. 'travail' isn't 'travel' and 'journée' isn't 'journey'.

C 20 Read this job advert.

Avez-vous les qualités nécessaires pour être réceptionniste?

Si vous avez déjà travaillé dans un hôtel, vous serez peut-être intéressé par ce poste.
Aurez-vous un minimum de dix-huit ans avant le 25 juin?
Vous avez déjà travaillé à l'étranger?
Travailler la nuit, vous allez accepter cette possibilité?
Nous espérons que vous avez l'intention d'avoir une promotion au travail.
L'idée de faire de longues journées de travail n'est pas un problème?

Complete the following sentences by putting a cross in the correct box.

(i) Candidates need to be …

A 18 years old by 25 June.	
B at least 18 years old now.	
C no more than 18 years old on 25 June.	

(ii) They are asked about experience of …

A working overseas.	
B working with people they don't know.	
C working with foreigners.	

(iii) This employer seeks candidates who …

A have applied for promoted posts.	
B are applying for a promotion.	
C will apply for promotion in the future.	

(iv) Candidates are expected to agree to …

A work long hours.	
B travel a long way to work.	
C deal with problems on a daily basis.	

(Total for Question 20 = 4 marks)

Job information

A* 21 Listen to this radio announcement. Complete the sentences by putting a cross in the correct box.

(i) The government will pay …

A 50€ a month.	
B 150€ a month.	
C 500€ a month.	

(ii) You will receive this only if you …

A work for a year.	
B do not work for a year.	
C do training for a year.	

(iii) The announcement suggests you could …

A work as a volunteer.	
B benefit from working part-time.	
C work for the local council.	

(iv) You can get more ideas from …

A an older person.	
B a careers advisor.	
C a charitable organisation.	

(Total for Question 21 = 4 marks)

Writing a CV

My good points

22 Read these extracts from a CV.

> • Permis de conduire depuis 2009
> • Expérience du travail en équipe
> • Bon niveau en allemand
> • Intéressé par tous les sports, sauf le rugby et le tennis.
> • Expérience comme caissier
> • Libre à partir du mois prochain
> • Prêt à travailler dur
> • Pas d'absence maladie depuis quatre ans
> • Bon contact avec les collègues

> · Look at the French first and see what you can understand.
> · Then read the English and cross out the ones you are sure about.
> · Next, go back to try and match the rest.
> · Make sure you put four crosses, not three or five. You will lose marks for putting too many crosses!

Which statements match the CV?

Put a cross in the **four** correct boxes.

Example: Driving licence held since 2009	X
A Good level in Spanish	
B Good attendance record	
C Experience of leading a team of workers	
D Willing to travel	
E Checkout experience	
F Experience of working abroad	
G Available with effect from next month	
H Interested in most sports	

(Total for Question 22 = 4 marks)

Job application

A letter of application

C **23** Read Sophie's letter of application.

> Madame/Monsieur,
>
> J'ai lu votre annonce sur Internet et je voudrais poser ma candidature pour le poste de secrétaire à votre école maternelle. Je travaille dans les bureaux d'une école primaire depuis six ans, ce qui me plaît beaucoup. Je dois pourtant chercher un nouvel emploi parce que ça fait un peu moins de six mois que j'ai déménagé. Tous les matins, mon trajet prend 50 minutes et c'est trop long.
>
> Je suis très motivée par le poste que vous proposez. Cela me donnerait la possibilité d'apprendre beaucoup de choses sur la routine journalière dans une maternelle. Mon propre fils va bientôt arriver à l'âge d'entrer à la maternelle. Donc, je pourrais être assez flexible pour mes heures de travail et je serais prête à faire des heures pendant le weekend une fois de temps en temps si vous en aviez besoin.

Complete the following sentences by putting a cross in the correct box.

Example: Sophie spotted the advertisement…

A in her local newspaper.	
B on the Internet.	X
C in an agency window.	

> Even small additions to a text can change the meaning, e.g. 'plus de' or 'moins de'.

(i) Sophie …

A used to work in a primary school.	
B works in a primary school.	
C would like to work in a primary school.	

(iii) Sophie's son …

A will soon be old enough to go to nursery school.	
B enjoys the journey to nursery school.	
C has his own routine at nursery school.	

(ii) Sophie moved house …

A six months ago.	
B less than six months ago.	
C just over six months ago.	

(iv) Sophie would be available to work …

A every weekend.	
B most weekends.	
C occasional weekends.	

(Total for Question 23 = 4 marks)

Job interview

Interview for an air stewardess

24 Read Nadine's account of her interview experience.

> Depuis mon enfance, je rêve d'être hôtesse de l'air et il n'y a que cette profession qui m'intéresse. Être avocat, comme mon père, jamais! Alors, qu'est-ce que j'ai été contente d'apprendre qu'on m'invitait à un entretien à Paris. J'ai eu de la chance parce que c'est la profession la plus recherchée, mais j'avais l'avantage d'être forte en italien.
>
> À l'entretien, deux anciennes hôtesses de l'air m'ont posé des questions. Quelle pression! À mon avis, elles voulaient surtout savoir si je serais capable de garder le sourire et d'être sûre de moi pendant de longs vols fatigants. Finalement, j'ai dû leur montrer que j'étais fiable. Par contre, j'ai été surprise par le fait qu'elles n'ont pas voulu vérifier mes connaissances en italien.
>
> Vers la fin de l'entretien, c'était à moi de poser des questions. J'aurais voulu leur demander quand j'allais commencer à travailler dans leur entreprise, mais j'ai dû résister à cette envie. J'ai fini par leur demander tout simplement des renseignements sur la formation des hôtesses de l'air.
>
> Ils vont me communiquer leur décision dans les prochains jours. Espérons qu'ils voudront bien me prendre!

Answer the following questions **in English**.

(a) How many professions were of interest to Nadine? .... **(1 mark)**

(b) Why is it so difficult to be appointed to a vacancy? .... **(1 mark)**

....

(c) Why exactly is Nadine in a strong position to apply for the post?   **(1 mark)**

....

(d) Who interviewed Nadine? .... **(1 mark)**

(e) Give two personal qualities tested at Nadine's interview?   **(2 marks)**

  (i) ....

  (ii) ....

(f) What did Nadine manage to resist asking about? .... **(1 mark)**

(g) What was the subject of the question Nadine chose to ask? .... **(1 mark)**

....

(Total for Question 24 = 8 marks)

A job interview

25 Listen to Patrick's job interview. Answer the following questions in English.

(a) Where is Patrick applying for a job? .... **(1 mark)**

(b) What post is he applying for? .... **(1 mark)**

(c) What will he do next year? .... **(1 mark)**

(d) Where has Patrick already worked? .... **(1 mark)**

(Total for Question 25 = 4 marks)

Opinions about jobs

Being a teacher

B 26 Read these views on being a teacher.

Être professeur, cela vous intéresserait?
Youssif: Les élèves étaient presque tous heureux.
Nadège: Il est surtout important de gagner un très bon salaire.
Rachid: Les professeurs ont beaucoup de vacances.
Lily: Travailler avec les jeunes, c'était un grand plaisir.
Samuel: Certains élèves n'avaient pas toujours envie de travailler dur.
Marthe: Mon salaire n'est pas la seule chose qui m'intéresse.
Thomas: J'ai trouvé que les enfants étaient heureux, sans exception.
Farah: Mes élèves faisaient toujours beaucoup d'efforts en classe.
Amadou: Je serai heureuse de pouvoir travailler avec des jeunes.

Which people suggest the following? Write the correct name in the table.

Example: Teachers enjoy lots of holidays.	Rachid
(a) Some pupils have inconsistent levels of effort.	
(b) All pupils are happy.	
(c) Looks forward to working with young people.	
(d) It's not just about what one earns.	

(Total for Question 26 = 4 marks)

Working life

B 27 Valérie, Édouard and Sacha are talking about their mothers.

Who says the following about their mother? Put a cross in the correct box.

	A Valérie	B Édouard	C Sacha
Example: She is always tired.	X		
(i) She works full-time.			
(ii) Her work is difficult.			
(iii) She is always busy.			
(iv) She works at home.			

(Total for Question 27 = 4 marks)

Part-time work

A holiday job

28 Read Freya's account of a holiday job.

> J'habite à la Baule. C'est une petite ville qui se trouve au bord de la mer. Je n'aurais jamais pensé que mon travail d'été allait être si agréable! J'étais de bonne humeur tous les matins, avant d'aller au boulot. Comme travail, je devais m'occuper des vélos de location. Il n'y avait que moi au bureau de location. Quelle chance!
>
> Les vacanciers avaient l'habitude de louer des vélos assez tôt le matin et ils ne revenaient que vers six heures du soir, sachant que le bureau était sur le point de fermer. Pendant la journée, j'avais peu de travail, sauf aux moments rares où il y avait des choses à réparer. Alors, pour passer le temps, je me bronzais un peu sur la plage qui était à moins de vingt mètres. J'étais très contente de bavarder avec les visiteurs qui passaient et de les conseiller sur les endroits intéressants qu'ils pourraient visiter.
>
> En fin de journée, une chose qui était embêtante pour moi, c'était de laver tous les vélos avant de fermer le bureau de location. Le seul autre inconvénient que je trouvais vraiment difficile à accepter, c'était que je devais être sensible et aimable envers tous les enfants, même les petits gâtés! Mais heureusement que les trois-quarts des enfants étaient très sages.

(a) Put a cross next to the **five** correct statements.

A Freya avait toujours pensé que le travail allait être un grand plaisir.	
B Freya devait louer des vélos aux touristes.	
C Freya devait savoir où se trouvaient les vélos.	
D Les touristes arrivaient au bureau de location de bonne heure.	
E Dans la journée, Freya n'était pas très occupée.	
F Pour Freya, il n'y avait jamais rien à faire pendant la journée.	
G Freya n'a pas l'air de bien connaître sa région.	
H Certains touristes comptaient sur Freya pour avoir des renseignements.	
I Freya ne s'entendait pas avec les enfants des touristes.	
J Freya ne se fâchait jamais, même si les enfants étaient insupportables.	

(b) Put a cross next to each correct answer.

(i) Freya était…

A contente de travailler en équipe.	
B malheureuse de travailler seule.	
C contente de travailler seule.	

(ii) Pendant la journée, Freya avait…

A pas mal de vélos à réparer.	
B le temps de se bronzer.	
C peu de temps pour réparer les vélos.	

(iii) Pour Freya, l'idée de laver les vélos…

A était ridicule.	
B était énervante.	
C était incroyable.	

(Total for Question 28 = 8 marks)

Work experience

 An advert

E 29 Read this extract from a work placement advertisement.

> ## Supermarché Du Canal
>
> - Le travail commence à huit heures du matin.
> - L'uniforme est gratuit.
> - On travaille trente heures par semaine.
> - Expérience de travail à la caisse désirable.
> - Âge minimum: seize ans
> - Personnalité sympathique essentielle.

Answer the following **in English**. You do not need to answer in full sentences.

(a) At what time does the day shift begin? .... **(1 mark)**

(b) How many hours are worked per week? .... **(1 mark)**

(c) What type of experience do applicants need to have? .... **(1 mark)**

(d) What sort of personality is required for this job? .... **(1 mark)**

(Total for Question 29 = 4 marks)

 Work experience

F 30 Listen to these young people talking. Where have they been on work experience?

A	farm
B	office
C	French company
D	leisure centre
E	chemist's
F	vet's surgery

Put the correct letter in the boxes.

Example: Angeline	B
(i) Théo	
(ii) Manon	
(iii) Jojo	
(iv) Alice	

(Total for Question 30 = 4 marks)

My work experience

Working at a bank

31 Read Lionel's account of his work placement.

Mon stage en entreprise

En arrivant pour mon stage à la banque, j'étais assez nerveux parce que j'avais peur de faire quelque chose de bête le premier jour. On a commencé par m'expliquer comment faire s'il y avait une urgence.

Avant de faire mon stage, je pensais que la routine des employés de banque serait assez monotone et que l'ambiance serait très sérieuse, mais j'ai vraiment eu tort!

Je devais passer deux semaines en stage, mais mon lycée m'a donné l'autorisation de n'y rester que pour la moitié. Malheureusement, il y avait pas mal de tâches que je n'ai pas pu essayer parce que je n'avais que dix-sept ans et je manquais de certaines connaissances nécessaires. Mon stage en banque m'a pourtant bien plu.

Quand je serai plus âgé, j'aimerais bien m'occuper de l'argent des autres. Si je ne réussis pas à devenir comptable, je vais essayer de travailler dans une banque. Je pourrais y trouver plusieurs possibilités d'avancement.

Answer the following questions **in English**.

(a) What was Lionel afraid of doing on his first day at the bank?   **(1 mark)**

....

(b) What was explained at the beginning of the placement?   **(1 mark)**

....

(c) What two false impressions did Lionel have about working in a bank?   **(2 marks)**

    (i) ....

    (ii) ....

(d) How long did Lionel spend on placement at the bank? .... **(1 mark)**

(e) Give two reasons why Lionel was unable to carry out certain tasks.   **(2 marks)**

    (i) ....

    (ii) ....

(f) What will be Lionel's first choice of profession? .... **(1 mark)**

(Total for Question 31 = 8 marks)

My work experience

32 Listen to Solange talking about her work experience. What does she mention? Put a cross in the **four** correct boxes.

A	the other employees	X	E	what she had to wear	
B	her journey to work		F	what she had to do	
C	what she did at lunch time		G	the days she worked	
D	disadvantages of this kind of work		H	the work she wants to do in the future	

(Total for Question 32 = 4 marks)

Computers

 Using the internet

D 33 Read these views on internet use.

- On peut acheter ses billets de train sur Internet.
- Pour mes devoirs, Internet est très pratique.
- Sur Internet, les livres coûtent moins cher.
- Les parents doivent limiter le temps que leurs enfants passent sur Internet.
- Je n'imprime pas beaucoup de documents.
- À mon avis, mon frère passe trop de temps sur Internet.
- Les sondages sur Internet sont très populaires.
- Malheureusement, il n'y a pas d'Internet dans notre village.
- Je trouve que mon clavier est trop petit.

Put a cross next to the **four** ideas mentioned above.

Example: Using the internet to complete homework.			X
A Spending too much money on internet purchases.		E Cost of printing documents.	
B Size of keyboard.		F Opinion polls.	
C Buying bus tickets online.		G Saving money on the cost of books.	
D Internet not available locally.		H Parents spending too much time online.	

Don't just rely on spotting a word that seems to be related to the answer. Make sure you are really sure it is right before answering.

(Total for Question 33 = 4 marks)

 Computer problems

D 34 Listen to this conversation in class. What problems do the students have?

A

no paper in printer

B

forgotten password

C

accidentally deleted file

D

printer not working

E

can't find the mouse

F

can't see the cursor

Put the correct letter in the boxes.

Example: Michelle	F
(i) Alban	
(ii) Adèle	
(iii) Martin	
(iv) Miriam	

(Total for Question 34 = 4 marks)

Internet pros and cons

Advantages and disadvantages

35 Read Ruvimbo's account about the internet.

La plupart du temps, je pense qu'Internet est une bonne chose parce que ça nous permet de faire plein de choses qui ne nous semblaient qu'un rêve quand j'avais dix ans. Une fois que j'aurai terminé mes devoirs, je passerai plus d'une heure à chercher des cadeaux sur Internet, sachant que je pourrai trouver les choses que je veux offrir à ma famille à Noël. En plus, ça me coûterait peut-être plus cher de tout acheter dans les magasins. D'habitude, je me débrouille pour tout commander avant le quinze décembre, mais cette année, je n'ai pas l'argent nécessaire pour terminer mes achats car je ne suis jamais payée avant le vingt du mois.

Tout à l'heure, je vais même pouvoir bavarder avec mes cousins au Ghana, sans avoir besoin d'utiliser le téléphone. Mais je vais me dépêcher car je dois éteindre l'ordinateur avant dix heures.

Mais imaginez le sentiment d'horreur d'une de mes collègues le mois dernier! Elle vérifiait que son salaire était bien sur son compte bancaire et a vu que quelqu'un lui avait volé tout l'argent qu'il y avait sur son compte bancaire. Au début, la banque n'a pas voulu écouter ma collègue, disant qu'elle aurait dû mieux protéger ses détails personnels. La banque a mis trois semaines à remplacer l'argent volé et à vérifier qu'elle n'avait pas donné son mot de passe à une autre personne.

(a) Choose the correct ending for each sentence.

(i) L'Internet donne la possibilité …	**A** toute la soirée.
(ii) Pour finir de faire ses achats de Noël, Ruvimbo …	**B** aura besoin d'attendre.
(iii) Ruvimbo utilise Internet …	**C** va vérifier son compte bancaire.
(iv) L'ordinateur de Ruvimbo ne reste pas allumé …	**D** a eu une mauvaise surprise.
(v) La collègue de Ruvimbo …	**E** de faire beaucoup de choses.
(vi) La banque n'a pas eu très envie de…	**F** rembourser l'argent volé à Ruvimbo.
	G croire sa cliente.
	H économisera de l'argent dans les magasins.
	I pour parler avec d'autres personnes.

(i) ……… **(ii)** ……… **(iii)** ……… **(iv)** ……… **(v)** ……… **(vi)** ………

(b) Complete the sentences by putting a cross in the correct box.

(i) Quand elle aura fini ses devoirs, Ruvimbo va …

A finir ses achats de Noël.	
B utiliser Internet.	
C rêver de Noël.	

(ii) Ruvimbo n'a pas l'habitude de commander ses cadeaux de Noël …

A avant le quinze décembre.	
B si tôt.	
C après le quinze décembre.	

(Total for Question 35 = 8 marks)

Articles 1

To say 'the' in French you use *le, la, l'* or *les* in front of the noun. Remember that in French every noun has a gender. Objects are either masculine (m) or feminine (f) and are singular or plural.

A Put in the correct word for 'the' (*le, la, l', les*) in front of these nouns. They are all places around a town.

Example: banque (f) *La banque*

1 .... commerces (pl)	**5** .... cinémas (pl)	**9** .... rues (pl)
2 .... pharmacie (f)	**6** .... bowling (m)	**10** .... appartement (m)
3 .... toilettes (pl)	**7** .... gare (f)	
4 .... hôtel (m)	**8** .... parking (m)	

B Here is a list of animals. Put the correct word for 'the' in front of the noun.

1 .... chienne (f)	**5** .... tortue (f)	**9** .... mouche (f)
2 .... serpents (pl)	**6** .... éléphant (m)	**10** .... cochons d'Inde (pl)
3 .... araignée (f)	**7** .... poissons (pl)	**11** .... grenouille (f)
4 .... chat (m)	**8** .... canard (m)	**12** .... singe (m)

To say 'a' or 'an' in French, you use *un* or *une* depending on whether the noun is masculine or feminine.

C Show that you understand when to put in *un* or *une* in front of these parts of a house.

1 .... salon	**4** .... chambre	**7** .... salle à manger
2 .... salle de bains	**5** .... sous-sol	
3 .... jardin	**6** .... cuisine	

D Fill in the gaps in this table, paying attention to the articles: *un, une, des, le, la, l', les*.

Singular	Plural
	les chiens
un château	
l'animal	
	des voitures
le nez	
le bateau	
un hôtel	
l'arbre	les arbres
	des pages
	les eaux
une araignée	
	les destinations

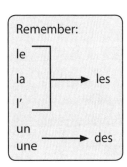

Remember:

le
la   → les
l'

un
une   → des

Articles 2

If you want to say 'some' or 'any' in French, you use the partitive article *du / de la / des* or *de l'*, depending on the gender of the noun you are talking about.

A Put the correct word for 'some' in front of these nouns. Pay attention to the gender given in brackets.

Example: farine (f)   de la farine (some flour)

1 .... œufs (pl)   **5** .... eau minérale (f)   **9** .... huile (f)

2 .... confiture (f)   **6** .... jambon (m)   **10** .... riz (m)

3 .... pain (m)   **7** .... frites (pl)

4 .... haricots verts (pl)   **8** .... crème (f)

B Fill in the gaps below, using *du/de la/des/de l'* in order to ask your friend if they want any of the items:

Tu veux ...*des*... pâtes, ... abricots, ... fromage, ... chocolat, ... olives, ...porc, ... pommes de terre, ... ketchup, ... ananas, ... potage, ... œufs, ... sel et .... poivre?

C Unfortunately, you have nothing left to eat in the house. Using the example below, answer the following questions, then translate into English.

> Always use *de* after a negative in French to say 'some' or 'any'.

Example: Tu as des pommes? .....*Je n'ai pas de pommes. I don't have any apples.*...............

1 Tu as de l'argent? ....

2 Tu as du pain? ....

3 Tu as des céréales? ....

4 Tu as de la pizza? ....

D Re-read all the rules and fill in the gaps with *du, de la, de l', des* or *de*.

Tu as .... fruits et .... légumes? Oui, j'ai .... fruits mais je n'ai pas .... légumes. Par exemple, j'ai .... pêches et .... cerises mais je n'ai pas .... carottes ni .... pommes de terre. Cependant, j'ai .... pain et .... nutella, donc on peut manger .... sandwichs.

You use *au, à la, à l'* or *aux* to translate 'to the'.

E Using *au, à la, à l'* or *aux*, fill in the gaps to tell your friend where you are going in town this afternoon.

Example: Je vais ...*au*... cinéma,

1 Je vais .... patinoire.   **4** Je vais .... hôtel de ville.

2 Je vais .... crêperie.   **5** Je vais .... magasins.

3 Je vais .... théâtre.   **6** Je vais .... café-tabac.

F Say what part of the house you are going to, using *Je vais au/à la/à l'/aux* …

1 .... salon   **7** .... atelier

2 .... cuisine   **8** .... grenier

3 .... salle de bains   **9** .... cave

4 .... chambres   **10** .... entrée

5 .... salle de jeux   **11** .... garage

6 .... jardin   **12** .... salle à manger

Adjectives

> Adjectives are used to describe nouns. Remember that in French you need to ensure they have the correct endings depending on whether the noun is masculine, feminine, singular or plural.

A Circle the correct form of the adjectives.

1 Ma mère est petit / petite.

2 Mon père est grand / grande.

3 Ma maison est beau / belle.

4 Mon chat est noir / noire.

5 Elle est heureux / heureuse.

6 Les fenêtres sont chère / chères.

B Using the adjectives in the box, complete the sentences below. Don't forget to change them to the feminine or plural form where necessary.

1 Mon chien est .... (sad)

2 Mes crayons sont .... (white)

3 Ma mère est .... (intelligent)

4 Mes frères sont .... (shy)

5 Mes sœurs sont .... (fat)

6 Ma chatte est très .... (cute)

gros
blanc
timide
mignon
triste
intelligent

C Complete this table with all the different forms of the adjectives.

masc sing.	fem. sing.	masc. plural	fem. plural	English
grand	grande		grandes	big / tall
	petite			
noir		noirs		
	neuve		neuves	
		derniers		last
marron		marron		
triste		tristes		sad
sérieux		sérieux		
	gentille		gentilles	kind
	sèche	secs		
drôle		drôle		funny
	vieille		vieilles	old
	belle	beaux		
ancien		anciens		ancient
blanc		blancs		white
	sportive		sportives	

D Make sentences that use the adjectives in **C** above. Make sure they have the correct form and are in the correct position.

Example: J'ai deux chattes (grand, noir) *J'ai deux grandes chattes noires.*

1 Elle a de yeux (beau, bleu). ....

2 Les fleurs (meilleur, jaune). ....

3 Mes baskets (vieux, blanc). ....

4 Mes parents (pauvre, malade). ....

Most adjectives come **after** the noun but some come **before**, e.g. grand

Possessives

> To say something is 'my', 'your', 'his', etc, you use a possessive adjective e.g. *mon. ma, mes*.

A (i) Choose *mon, ma* or *mes* to fill in the gaps.

Dans ...ma... famille, il y a .... père, ... mère, ... sœur et .... deux frères. ....
grand-mère vient souvent nous rendre visite avec .... grand-père. .... amie adore
.... grands-parents et elle vient jouer avec toutes .... affaires quand ils sont là.

(ii) Use *son / sa / ses* to fill in the gaps.

Dans ...sa... chambre, elle a .... lit, ... livres, ... bureau, ... télévision,
.... bijoux, ... téléphone et .... nounours.

(iii) Use *notre /notre/ nos* to translate 'our' or *votre/votre/vos* to translate 'your'.

Dans .....notre...... collège, nous avons .... professeurs, ... bibliothèque,
.... cantine, et .... terrain de sport. Et vous, qu'est-ce que vous avez
dans .... collège et dans .... salles de classe? Vous avez ....
tableaux blancs interactifs et .... gymnase?

(iv) Your teacher asks you questions about yourself. Insert the correct word for 'your'.

1 Comment s'appellent .... père et .... mère?

2 Qu'est-ce que tu achètes avec .... argent?

3 C'est quand .... anniversaire?

4 Qu'est-ce qu'il y a dans .... ville ou .... village?

(v) How would you talk about what they have in their village?

Dans ....leur..... village, ils ont .... mairie, ... cinémas, ... pharmacie,
.... boulangerie, ... cafés, ... parcs, ... hôpital, ... école et
tous .... petits commerces.

B How many grammatically correct but silly sentences can you make from this table?

mon / ma / mes	fromage			jaune(s)
ton / ta / tes	copines	est		honnête(s)
son / sa / ses	vélo	n'est pas	très	moderne(s)
notre / nos	gâteaux	sont	assez	grand(e)(s)
votre / vos	football	ne sont pas		timide(s)
leur / leurs	photos			romantique(s)

C These clothes all belong to you. Say so!

1 La chemise? .....C'est la mienne! ....

2 Les pulls? Ce sont ....

3 Les jupes? Ce sont ....

4 Le jogging? C'est ....

> To say something is 'mine', use *le/la* or
> *les + mien(ne)(s)*.
> For example: *La chemise, c'est la mienne.*

Comparisons

> Use the comparative form of the adjective to say 'more than' or 'less than':
> *plus* + adjective + *que* or *moins* + adjective + *que*
> Use the superlative form of the adjective to say 'the most' or 'the least':
> *le / la / les* + *plus / moins* + adjective
> The adjective ending must agree with the noun it refers to.

A Work out who is the most and the least intelligent, Marie, Lydie or Paul.

Marie est intelligente.

Marie est plus intelligente que Paul.

Paul est moins intelligent que Lydie.

> Some comparatives and superlatives are irregular:
> *pire* = worse (*le/la pire* = the worst)
> *meilleur* = better (*le/la meilleur* = the best)

Lydie est plus intelligente que Marie.

Paul n'est pas aussi intelligent que Marie.

Qui est le/ la plus intelligent(e)? ....

Qui est le/ la moins intelligent(e)? ....

B Using the grades below, make up four sentences about who is the better student in each subject.

Example: ..... *Antoine est meilleur en anglais qu'Anna.* ....

	Antoine	Anna	
Anglais	D	B	....
Français	A	C	....
Géo	C	E	....
Dessin	B	A*	....

C Put each of these sentences in the correct order, then translate them.

Example: est que courte plus jupe Ma jupe ta ..... *Ma jupe est plus courte que ta jupe.* ....

..... *My skirt is shorter than your skirt.* ....

1 aussi est Sara grand Philippe que ....

2 maths que plus musique Les difficiles sont la ....

3 Les moins sont les sains fruits bonbons que ....

4 Une est moins un confortable cravate qu' jogging ....

5 l' chimie que est intéressante aussi anglais La ....

D Use the adjective given, with *le/la/les plus* to make a superlative sentence. Make sure the adjective matches the noun.

Example: Le TGV est le train … (rapide) ..... *Le TGV est le train le plus rapide.* ....

1 Les kiwis sont les fruits … (sain) ....

2 L'hiver est la saison … (froid) ....

3 Londres est … (grand) ville d'Angleterre. ....

Now use the adjective given, with *le/la/les moins* to say 'the least'.

Example: Voilà la cathédrale … (traditionnel) ..... *Voilà la cathédrale la moins traditionnelle.* ......

4 Où sont les garçons … (actif)? ....

5 Je prends les vêtements … (long) ....

6 J'habite dans la région … (industriel) ....

Other adjectives

A Say which clothes you are going to wear on holiday, using *ce, cet, cette* or *ces*.

Je vais porter ...

Example: pull .....*ce pull*.........................

1 pantalon	**5** anorak ....
2 imperméable	**6** sandales ....
3 robe	**7** chaussettes ....
4 baskets	**8** jupe ....

> *ce* = this (m)
> *cet* = this in front of a masculine noun beginning with a vowel)
> *cette* = this (f)
> *ces* = these (plu)

B Say you always prefer the one(s) on the left, using *celui, celle, ceux* or *celles*.
(You get a clue to the gender by looking at the spelling of 'which' at the beginning.)

Example: Quelle jupe préfères-tu?   Je préfère .....*celle*......... à gauche.

1 Quel livre préfères-tu?   Je préfère .... à gauche.

2 Quels garçons préfères-tu?   Je préfère .... à gauche.

3 Quelle salle préfères-tu?   Je préfère .... à gauche.

4 Quelles cartes postales préfères-tu?   Je préfère .... à gauche.

> *celui* (m)/ *celle* (f) = the one
> *ceux* (m)/*celles* (f) = those

C Complete the question by asking your friend if they prefer this one here, that one there, these or those.

Example: Quels bateaux préfères-tu? .....*Ceux-ci ou ceux-là?*.....................

1 Quel stylo préfères-tu? ....

2 Quelle station balnéaire préfères-tu? ....

3 Quelles ceintures préfères-tu? ....

4 Quels hôtels préfères-tu? ....

> You add on *-ci* when you want to say 'here'.
> You add *-là* when you want to say 'there'.

D You don't hear what they say, so you have to ask your friend which one(s) they prefer yet again.

Use *lequel, laquelle, lesquels* or *lesquelles* to repeat each question in exercise C.

Example: Quels bateaux préfères-tu? .....*Lesquels?*.....................

1 Quel stylo préfères-tu? ....

2 Quelle station balnéaire préfères-tu? ....

3 Quelles ceintures préfères-tu? ....

4 Quels hôtels préfères-tu? ....

> *lequel* (m) / *laquelle* (f) = which one

E Fill in the missing words as shown in the example.

Example: Quel appartement préfères-tu? Celui-ci ou celui-là? Lequel?

1 .... cuisine préfères-tu? Celle-ci ou .... Laquelle?

2 Quelles cravates préfères-tu? .... ou celles-là? ....?

3 ....jardin préfères-tu? .... ou ....?
Lequel?

4 .... gants préfères-tu? .... ou ....?
......................?

Adverbs

Adverbs are used to describe the verb. In French a lot of adverbs end in *–ment*.

A Form adverbs from these adjectives.

Example: heureux ..... heureusement ....

1 doux ....

2 naturel ....

3 absolu ....

4 général ....

5 attentif ....

6 vrai ....

7 lent ....

8 gentil ....

B Underline all the adverbs in this paragraph, then translate it. Use the English translations in the box if you are stuck.

> first
> often
> then
> finally
> in the future

Le matin, <u>d'abord</u>, je me lève à sept heures, puis d'habitude je prends mon petit déjeuner. Ensuite, je quitte la maison et finalement j'arrive au collège à huit heures et demie. Mais c'est souvent trop tôt. Alors à l'avenir je vais rester au lit plus longtemps.

..... In the morning, ...

....

....

....

C Fill in the gaps from this passage with the best adverb from the box. There may be more than one answer. The first letter of the adverb has been given for you.

absolument, d'abord, de temps en temps, ~~généralement,~~ par conséquent, régulièrement, sans doute, seulement, souvent, toujours, vraiment

..... Généralement ..... je vais en France avec mes parents et mon petit frère pour les grandes vacances. S........................... mes grands-parents viennent avec nous, et d'........................... c'est v........................... pratique car ils font r........................... du baby-sitting. Cependant, de ...., ils se sentent v........................... fatigués et ils ne sont pas t........................... confortables. P........................... ils ne viendront pas l'année prochaine. À l'avenir, ils viendront s........................... s'ils sont a........................... en bonne forme!

D Complete these sentences using adverbs from the box.

1 Je conduis (always) très (carefully).

..... Je conduis toujours très attentivement. ....

2 (Usually) il fait la vaisselle (straight away).

....

3 (From time to time) elle écoute de la musique (quietly).

....

4 Ma valise? (Naturally) j'avais laissé mes vêtements (inside).

....

> ~~attentivement~~
> d'habitude
> ~~toujours~~
> doucement
> dedans
> tout de suite
> naturellement
> de temps en temps

E Write four sentences of your own with at least one adverb in each.

....

....

....

....

Object pronouns

Direct object pronouns are words like 'it', 'me', 'him', 'us', etc. You use them when you don't want to keep repeating a noun or a name.

A Translate these sentences.

Example: Il me regarde. ...He watches me.....

1 Nous te voyons. ....   4 Vous nous rencontrez. ....

2 Tu le connais? ....   5 Elle vous oubliera. ....

3 Je veux la voir. ....   6 Je les perdrai. ....

You use **indirect** object pronouns to replace a noun which has *à* (*au*, *aux*, etc.) in front of it.

B Translate the following sentences. Notice that in English we sometimes omit the 'to'

Example: Il me donne un billet. ...He gives me a ticket. / He gives a ticket to me.............

2 Je te passe mes bonbons. ....

3 Ne lui dis pas la vérité. ....

4 Nous lui offrirons un bateau. ....

5 Il va nous envoyer un cadeau. ....

6 Tu leur raconteras l'histoire. ....

> 'Him', 'her' and 'them' are translated as *lui* or *leur*.

C Put the words in the correct order to answer the question.

Example: Tu aimes les pommes? je beaucoup aime les Oui ....Oui, je les aime beaucoup.........

1 Vous comprenez le professeur?   le souvent comprenons Nous

....

2 Elle aime les sports nautiques?   pas aime Elle ne du tout les

....

3 Tu vas vendre ton vélo?   vendre vais le Oui je demain

....

4 Il veut acheter la maison?   veut pas il acheter ne Non l'

....

D Replace the noun with a pronoun and move it to the correct position in the sentence.

Example: J'ai mangé le gâteau. ....Je l'ai mangé............

1 Il cherche les clefs. ....

2 Nous envoyons un cadeau à Jeanne. ....

3 Il a donné des bonbons aux enfants. ....

4 Tu as téléphoné à tes amis? ....

5 Elle dit toujours la vérité à papa. ....

E Complete the following sentences.

Example: I'm sending it to you. Je .....vous l'.... envoie.

1 She offered them to us. Elle .... a offerts.

2 Don't sell them to him/her! Ne .... vends pas!

3 I am going to pass it(m) to you. Je vais .... passer.

4 He gave them to you on Saturday. Il .... a donnés samedi.

More pronouns: *y* and *en*

> You use *y* to refer to a place which has already been mentioned. It often means 'there': *Il adore Paris. Il **y** est allé hier.* You also use it with verbs that take *à*.

A Replace the nouns with the pronoun *y*.

Example: Tu vas au cinéma ce soir? ..... *Tu y vas ce soir?* ....

1 Il va habiter **au Canada**. ....

2 Elle a vu ses amis **en France**. ....

3 Vous jouez **au tennis**? ....

4 J'ai réussi **à mon examen**. ....

5 Tu es allée **au travail** ce matin? ....

> You use en to replace a noun. It often means 'of it', 'of them' or 'some':
> *J'aime **le chocolat**. J'en mange beaucoup.*

B Unjumble these sentences with *en* in order to answer the questions.

Example: Tu as de l'argent?   ai j' Oui en ..... *Oui j'en ai* ....

1 Tu fais beaucoup de sport?   en beaucoup J' fais ....

2 Elle fait du ski?   pas en fait n'Elle ....

3 Vous avez deux frères?   trois ai Non en j' ....

4 Ils mangent de la pizza tous les jours?   les en samedis Ils tous mangent ....

5 Il y a des bouteilles dans la cave?   y en Il a plusieurs ....

C Replace the nouns in brackets with either *y* or *en*.

1 Je vais [au restaurant] de temps en temps.

....

2 J'adore les fruits et je mange beaucoup [de fruits].

....

....

3 Ma faiblesse, c'est le chocolat, mais je ne mange jamais [de chocolat], parce que je ne veux pas grossir.

....

....

4 Je suis allé [au théâtre] la semaine dernière, avec mon frère.

....

....

5 On va au concert ce soir. Tu veux venir [au concert] avec nous?

....

....

6 Moi, j'adore le poulet, mais mon frère ne mange pas [le poulet], parce qu'il est végétarien.

....

....

> Using pronouns makes your work more interesting and for your GCSE, if you are aiming for higher grades, you should try and use them.

Other pronouns

> Relative pronouns are used when you want to link statements together to avoid repetition and to make your French more fluent.

A Fill in the gaps with *qui* (followed by a verb), or *que/ qu'* (followed by a subject/person).

> *Qui* means 'which', 'who' or 'that' and replaces the subject in a sentence. *Que* means 'whom', 'which' or 'that' and replaces the object in the sentence.

Example: C'est le bruit ……*que*…… je n'aime pas.

1 Le repas ………………… j'ai pris, était excellent.

2 C'est Claude ………………… est le plus beau.

3 Ce sont mes parents ………………… adorent la viande.

4 Voilà le chapeau ………………… il a perdu.

5 Où sont les robes ………………… sont déchirées?

6 L'église ………………… j'ai visitée était vieille/ancienne.

7 L'homme ………………… monte dans le train est gros.

8 Ma copine ………………… s'appelle Mathilde a seize ans.

9 Quel est le film ………………… tu veux voir?

> *Dont* replaces 'whose' or 'of whom/which' for example: *Je veux voir le film **dont** j'ai vu la bande-annonce.* I want to see the film of which I saw the trailer.

B Translate the following sentences carefully once you have inserted *dont*.

Example: La personne ……*dont*…… je parlais n'est plus là.

…*The person I was talking about is no longer there.*……………………………………

1 La vie ………………… vous rêvez n'existe pas.

………………………………………………………………………………………………………

2 Les papiers ………………… j'ai besoin sont dans le tiroir.

………………………………………………………………………………………………………

3 Je ne connais pas la maladie ………………… tu souffres.

………………………………………………………………………………………………………

4 Ce garçon ………………… je te parlais a quitté le collège.

………………………………………………………………………………………………………

C Which would you use: *y, en, où, qui, que* or *dont*? Insert the correct pronoun and translate into English.

1 Le repas ………………… nous avons mangé était excellent.

………………………………………………………………………………………………………

2 Le stylo ………………… vous avez besoin, est cassé.

………………………………………………………………………………………………………

3 Des bonbons? J'………………… ai mangé beaucoup.

………………………………………………………………………………………………………

4 Le café ………………… je vais le samedi, est fermé.

………………………………………………………………………………………………………

5 Le cinéma Gaumont? J'………………… suis allée pour voir 'Amélie'.

………………………………………………………………………………………………………

Present tense: -ER verbs

A Give the *je, nous* and *ils* forms of each of these verbs.

Verb	je (j')	nous	ils
aimer	j'aime	nous aimons	ils aiment
jouer			
habiter			
regarder			
donner			
inviter			
marcher			
trouver			
voler			
garder			

B Use the verbs above to write how you would say:

Example: he likes ..... il aime ....

1 you (pl) keep .... 5 he looks at .... 9 he plays ....
2 she invites .... 6 you (pl) walk .... 10 they look at ....
3 you (s) live .... 7 you (s) give ....
4 we find .... 8 she steals ....

Although the verbs below are –er verbs, they are slightly irregular in that the spelling often changes, for example *manger* becomes *mangeons* in the *nous* form.

C Put the verbs in brackets in the correct form and watch out for the spelling.

-ger verbs

1 ils (ranger) ....
2 nous (plonger) ....
3 nous (nager) ....
4 je (manger) ....

-yer verbs

5 tu (envoyer) ....
6 vous (payer) ....
7 j'(essayer) ....
8 nous (nettoyer) ....

-ler / -ter verbs

1 je (s'appeler) ....
2 ils (jeter) ....
3 nous (se rappeler) ....
4 elle (projeter) ....

acheter type verbs

5 tu (acheter) ....
6 elles (préférer) ....
7 vous (se lever) ....
8 il (geler) ....

D Fill in the correct part of the verb in these questions and translate them.

Example: Tu (parler) français? ..... Tu parles français? Do you speak French? ....

2 Ils (habiter) en France? ....
3 Marie (ranger) sa chambre? ....
4 Vous (préférer) les sciences? ....
5 Les sœurs (jeter) les fruits? ....
6 Mon copain et moi (acheter) des frites? ....

-IR and -RE verbs

-ir and -re verbs are another set of verbs which follow a regular pattern. It is important to learn the most common verbs.

A What do these -ir verbs mean? Match the English to the French.

choisir	to warn
réfléchir	to slow down
ralentir	to punish
rougir	to finish
finir	to blush
punir	to think about
atterrir	to land
avertir	to choose

B Fill in the gaps in this table. (The verbs are irregular.)

	dormir	**sortir**
je		sors
tu	dors	
il / elle		sort
nous		
vous		sortez
ils	dorment	

> Be careful, many of the -ir verbs like *choisir* and *finir* add –is, –is, –it, –issons, –issez, –issent.

C Put the correct ending on these –ir verbs to make them match their subjects.

Example: Ils (avertir) les garçons. ......Ils avertissent les garçons...

1 L'ami (choisir) un cadeau. ....

2 Vous (courir) aux magasins. ....

3 Nous (finir) nos devoirs. ....

4 Je (remplir) le verre de vin. ....

D Complete the table below.

	vendre	**prendre**	**dire**
je			
tu	vends		
il / elle			
nous		prenons	disons
vous		prenez	
ils / elles	vendent		

E Give the correct present tense of the verb in brackets.

1 nous (vendre) ....

2 ils (répondre) ....

3 je (descendre) ....

4 tu (prendre) ....

5 vous (boire) ....

6 elle (lire) ....

7 j' (écrire) ....

8 il (comprendre) ....

avoir and *être*

A Give the correct part of *avoir* in these sentences.

Example: Tu ....as........ un frère?

1 Elle .... un hamster.

2 J'.................. les cheveux blonds.

3 Ils .... une grande maison.

4 Il .... onze ans.

5 Nous .... un petit gymnase.

6 Vous .... un beau chien.

7 Ma sœur .... une jupe rouge.

8 Les filles .... un piercing.

9 Tu .... deux guitares.

10 Vous .... une nouvelle maison.

B Translate the following sentences into French.

Example: We have a house in Angers.　....Nous avons une maison à Angers.....................

1 They have a dog and three hamsters.　...

2 Do you have a sister?　...

3 She has black hair.　...

4 We have a big kitchen.　...

5 I have three children.　...

6 I am sixteen years old.　...

7 He has a car.　...

C Fill in the gaps with the correct part of *être*.

Example: Il est très amusant.

1 Je .... français.

2 Nous .... paresseux.

3 Ma tante .... assez petite.

4 Vous .... sportif mais timide.

5 Mes yeux .... bleus.

6 Tu .... célibataire?

7 Les chiens .... mignons.

8 Je .... au chômage.

9 Nous .... mariés.

10 Il .... paresseux.

D Write six sentences using *être* or *avoir* and words from the grid below.

Je	maison	bouclés	petit
Tu	yeux	bleu	professeur
L'homme	grand	amusant	court
Nos chiens	mariés	cheveux	piercing
Vos parents	rouge	voiture	marron
Les filles	triste	long	gros

....

....

....

....

....

....

> Remember, when you are using the verb *être* you need to make sure the adjective agrees with the noun!

aller and *faire*

> *Faire* and *aller* are two other important irregular verbs. They mean 'to do' and 'to go'.

A Give the right form of the verb *aller* to complete each sentence.

Example: Il ......va......... à la bibliothèque.

1 Les jeunes .... au centre commercial.

2 Je .... au marché samedi.

3 Vous .... sortir ce soir?

4 Maman .... à l'église.

5 Où ....-tu vendredi soir?

6 Les chiens .... dans le garage.

7 Les parents .... au restaurant.

8 Marc .... au centre sportif.

9 Nous .... en France pour nos vacances.

10 Je .... au collège.

B What jobs are they doing? Fill in the gaps with the right part of *faire* and say what each one means in English.

Example: Mon père ......fait......... les lits.   .....My dad makes the beds..................

1 Mon frère .... la vaisselle.   ....

2 Mes sœurs .... tout le ménage.   ....

3 Vous .... le repassage.   ....

4 Nous .... la cuisine.   ....

5 Ils .... le jardinage.   ....

6 Je .... la lessive.   ....

7 Maman .... les courses.   ....

8 Tu .... du shopping.   ....

C Which sports are they all doing? Put in the correct part of *faire*.

Example: Je ......fais........... du cyclisme.

1 Ma sœur .... de la danse.

2 Nous .... des randonnées.

3 Ils .... du ski nautique.

4 Tu .... de la gymnastique.

5 Vous .... de la danse?

6 Elles .... de l'équitation.

7 Nous .... de la planche à voile.

8 Il .... de l'escalade.

D Now choose whether you need a part of *aller* or *faire* to complete each sentence.

1 Jean .... à la pêche.

2 Nous .... de la voile tous les samedis.

3 Vous .... du basket.

4 Ils .... à la montagne pour faire du ski.

5 Tu .... au concert samedi soir?

6 Ils .... de l'athlétisme.

7 Elle .... souvent au cinéma.

8 Je .... faire des promenades.

9 Tu .... du skate?

10 Mes camarades .... du vélo.

Modal verbs

> The verbs *devoir* (to have to/must), *pouvoir* (to be able to/can), *vouloir* (to want to) and *savoir* (to know) are known as **modal verbs**.

A Complete this table with the correct part of the modal verb.

	devoir	**pouvoir**	**vouloir**	**savoir**
je	dois			sais
tu		peux		
il/elle			veut	
nous	devons			savons
vous			voulez	
ils/elles		peuvent		

B Rearrange the words to make correct sentences.

Example: la dois prendre Je première rue ....*Je dois prendre la première rue.*........................

1 mon -vous Pouvez père aider? ....

2 nager -tu Sais? ....

3 maison acheter parents une veulent Mes nouvelle ....

....

4 s'arrêter feux On toujours doit aux rouges ....

....

5 moi avec ce Voulez danser soir -vous? ....

....

6 sais allemand français Je et parler ....

C Change the verb to match the new subject given in italics.

Example: Il doit travailler dur et moi aussi, *je* ....*dois travailler dur*........................

1 Elle veut trouver une chambre avec un balcon et nous aussi, *nous* ....

2 Les élèves peuvent louer un vélo et toi aussi, *tu* ....

3 Le pilote doit tout vérifier et vous aussi, *vous* ....

4 Elle sait faire la cuisine, et eux aussi, *ils* ....

5 Je peux faire un pique-nique et elles aussi, *elles* ....

6 Il ne peut jamais comprendre les régles et vous aussi, *vous* ....

7 Nous savons préparer le dîner et moi aussi, *je* ....

D Make up six sentences about school from this table.

	(ne) doit (pas)	manger en classe.
		porter ses propres vêtements.
	(ne) peut (pas)	courir dans les couloirs.
On		répondre aux professeurs.
	(ne) veut (pas)	dormir en classe.
		lancer les cahiers dans l'air.
	(ne) sait (pas)	faire des piercings aux autres élèves.
		envoyer des textos.

Reflexive verbs

A Add the correct reflexive pronoun to this verse, do the actions, then try and learn it.

Je .... lève

Tu .... laves

Il .... brosse les dents

Je ....'habille et après

Je prends mon petit déjeuner.

> **se laver – to wash oneself**
> je me lave
> tu te laves
> il/elle/on se lave
> nous nous lavons
> vous vous lavez
> ils/elles se lavent

B Add the correct reflexive pronoun.

Mes parents ...._se_.... réveillent tôt le matin. Je .... appelle Lydie. Le matin

je .... réveille à 7 heures et demie mais je ne .... lève pas tout de suite.

Normalement ma sœur .... lève à 8 heures. Nous .... lavons dans la salle de

bains et nous .... habillons vite. Après le petit déjeuner, nous .... dépêchons

pour prendre le bus au collège. On .... approche du collège et on est très content.

Vous .... amusez bien à votre collège?

C Write the numbers of these sentences in the correct order to match your morning routine.

1 Je me douche et je m'habille.

2 Je me réveille et je me lève.

3 J'arrive au collège et je m'amuse bien au collège.

4 Je me dépêche pour prendre mon petit déjeuner et quitter la maison.

....

D Complete the table with verbs in the present and perfect tense. Remember to use *être* with reflexive verbs.

Present	Perfect
1 je	je me suis reposé
2 elle se douche	elle
3 nous	nous nous sommes amusés
4 elles s'étonnent	elles
5 vous	vous vous êtes dépêché(e)(s)

E Circle the correct part of the verb to complete the sentence.

1 Je me *est / suis / es* reposée à 8 heures ce matin.

2 Nous nous *êtes / sont / sommes* dépêchés pour aller au match.

3 Ma sœur ne s'est pas *douché / douchée / douchées* hier soir.

4 Mes deux frères se *ont / sont / était* bien entendus en vacances.

5 Vous vous êtes *couchée / couchés / couché* tôt samedi, mes amis?

6 Les garçons se sont *disputé / disputées / disputés*.

The perfect tense 1

> You use the perfect tense to talk about single events in the past. It is formed by using the present tense of *avoir* + past participle.

A Create your own sentences using a word or words from each column.

J' ai	fini	le gâteau
Tu as	détesté	le bateau
Il a	vendu	les devoirs
Elle a	regardé	l'argent
Nous avons	lavé	la maison
Vous avez	attendu	l'autobus
Ils ont	choisi	les chiens
Elles ont	perdu	le pain

....

....

....

....

....

....

....

....

B Add the correct part of *avoir* to complete these sentences.

Example: J'.....ai..... regardé la télé samedi soir.

1 Mme Blanc .... invité sa copine au match.

2 Vous .... terminé le repas?

3 Ils .... fumé une cigarette.

4 Il .... beaucoup neigé ce matin.

5 Tu n' .... pas mangé de légumes?

6 Nous .... choisi un bon restaurant.

7 Elle n' .... pas rougi.

8 Ils .... atterri à l'aéroport d'Orly.

9 J'................ rendu visite à ma tante.

10 Nous n'................ pas entendu.

C Did you notice the position of the *ne ... pas* in exercise B to say that they did **not** do something? Using the table in exercise A to help you, how would you say the following?

Example: You (s) did not sell the house.   ....Tu n'as pas vendu la maison.................................

1 We did not lose the money. ....

2 They did not wash the bus. ....

3 You (pl) did not wait for the dogs. ....

4 I did not finish the bread. ....

5 She did not sell the boat. ....

6 He did not hate the homework. ....

D Revise the irregular past participles, then fill in the gaps in these sentences.

Example: Il a .....vu..... la voiture. (voir)

1 J'ai .... le pique-nique par terre. ....

2 Elle a .... à son frère. (écrire)

3 Tu n'as rien .... au collège? (faire)

4 Il n'a pas .... ma lettre. (lire)

5 Nous avons .... acheter une Renault. (pouvoir)

E Complete these sentences with part of *avoir* and the past participle of the verb given.

1 J'................ la situation. (comprendre)

2 Il .... de rentrer vite. (promettre)

3 Tu .... un taxi à la gare? (prendre)

4 Qu'est-ce que tu .... (faire)

The perfect tense 2

> The perfect tense can also be formed using the verb *être* + past participle, when the verb is reflexive and with 13 verbs of movement.

A Add the correct part of the verb *être* to complete these sentences.

Example: Tu ......*es*...... né en 2000?

1 Elle .... tombée par terre.

2 Mes copains .... arrivés trop tard.

3 Les chats .... montés sur le toit.

4 Marie n' .... pas descendue vite.

5 Mme Lebrun .... allée à la piscine.

6 Vous .... retournés en France?

7 Je ne .... pas parti tôt.

8 Elles .... mortes l'année dernière.

B Make the past participle match the subject of these *être* verbs, by adding agreements (-, -e, -s, -es) to those that need it.

Example: Mes cousines sont (resté) à l'hôtel. Mes cousines sont resté..*es*... à l'hôtel.

1 Élise est arrivé........ à 11 heures.

2 Jim est mort........ il y a 20 ans.

3 Nous sommes entré........ dans l'épicerie.

4 Marie n'est rentré........ qu'à minuit.

5 Mes stylos ne sont pas tombé........

6 Il est sorti........ avec sa sœur jumelle.

C Complete the sentences.

Example: Je suis allé au collège et elle aussi, elle… ......*est allée au collège*......

1 Tu es monté très vite et les filles aussi, elles ....

2 Les vendeurs sont arrivés et moi aussi, je ....

3 Nous ne sommes pas tombés et eux non plus, ils ....

4 Monsieur Dasse est mort et sa femme aussi, elle ....

D Complete this table to show a reflexive verb in the perfect tense.

je	me	suis	lavé
tu		es	
il			
elle			lavée
nous		sommes	
vous			
ils	se		lavés
elles			

> Reflexive pronouns:
> me   nous
> te   vous
> se   se

E Unjumble these reflexive sentences.

Example: les tard vacances suis Pendant je levée me ......*Pendant les vacances je me suis*......
......*levée tard.*......

1 sommes Hier tôt soir nous couchés nous ....

2 ne amusés Ils pas parc se bien sont au ....

3 s' collège au Elle ce matin est ennuyée ....

F Form the perfect tense of these reflexive verbs.

Example: Nous (se promener) ......*Nous nous sommes promenés.*......

1 Ils (se coucher) ....

2 Elle (s'ennuyer) ....

3 Vous (se disputer) ....

4 Je (s'endormir) ....

The imperfect tense

> The imperfect is another tense that you use to talk about the past. You use it to describe what happened over a period of time, what something was like and ongoing actions which were interrupted.

A Give the imperfect (*je, nous* and *ils* forms) of these verbs.

1 jouer	**je jouais**	**nous jouions**	**ils jouaient**
2 finir	**je finissais**	**nous finissions**	**ils finissaient**
3 perdre	....	....	....
4 avoir	....	....	....
5 être	....	....	....
6 boire	....	....	....
7 aller	....	....	....
8 partir	....	....	....
9 faire	....	....	....
10 lire	....	....	....
11 savoir	....	....	....
12 prendre	....	....	....

B Change the ending of the imperfect tense to match the new subject.

Example: Il fumait et nous aussi, nous ..... fumions. ....

1 J'attendais et elle aussi, elle ....

2 Vous écriviez et eux aussi, ils ....

3 Tu dormais et le chien aussi, il ....

4 Mes parents regardaient et moi aussi, je ....

5 Mon ami était poli et mes sœurs aussi, elles ....

> All verbs except *être* are regular in the imperfect tense.
> **1** Take the *nous* form of the present tense and take off the *-ons* ending: *nous habit(ons)*
> **2** Add the imperfect endings:
> | | |
> |---|---|
> | *j'habitais* | *nous habitions* |
> | *tu habitais* | *vous habitiez* |
> | *il/elle habitait* | *ils/elles habitaient* |

C Put the verbs into the imperfect tense, then translate the sentences.

Example: Tu ..... visitais .... beaucoup de monuments (visiter)

..... You used to visit lots of monuments. ....

1 Je .... avec mon petit frère sur la plage. (jouer) ....

2 Nous .... très souvent ensemble. (manger) ....

3 Le serveur .... dur pour nous. (travailler) ....

4 On .... beaucoup de glaces. (vendre) ....

5 Papa et Marc .... du ski nautique. (faire) ....

6 Tu .... très content. (être) ....

D When you are talking or writing about the past, you often need to use a mixture of perfect tense and imperfect tense verbs. Put the following verbs in the correct past tense.

J'[aller] au collège quand j' [voir] l'accident. Il y [avoir] beaucoup de monde. J' [appeler] «au secours!».

....

....

....

....

....

The future tense

> The **near future** is used to say what is going to happen. It is formed using *aller* + infinitive.

A Use the correct part of *aller* to say what you are going to do in the near future and say what these sentences mean.

Example: Je ....*vais*........ regarder un film. ....*I am going to watch a film.*.................................

1 Il .... sortir ce soir. ....

2 Nous .... vendre la maison. ....

3 Vous .... comprendre bientôt. ....

4 Tu .... partir en vacances. ....

5 Maman .... voir un concert. ....

6 Les garçons .... arriver en retard. ....

B Unjumble these sentences in the near future tense.

Example: ta Je à question vais répondre ....*Je vais répondre à ta question.*.......................

1 aller allons en Nous ville demain ....

2 partir Quand vas-tu? ....

3 vont leurs Ils devoirs faire ....

4 tennis allez au jouer Vous? ....

5 Lydie faire la va cuisine ....

6 aider Ses vont sœurs ....

> The **future** is used to say what you **will** do. To form the future, add the future endings to the infinitive of the verb: *–ai –as –a –ons –ez –ont*.

C Say what everyone will do at the weekend. Put the verb into the future tense.

Example: Je ....*prendrai*.... un bon petit déjeuner. (prendre)

1 Il .... sa nouvelle voiture. (laver)

2 Tu .... ta copine à manger. (inviter)

3 Nous .... nos devoirs. (finir)

4 Vous .... les nouvelles. (attendre)

5 Elle .... visite à sa tante. (rendre)

6 Ils .... en France. (arriver)

7 Elles .... beaucoup. (bavarder)

8 Je .... une nouvelle robe. (choisir)

D Now try these irregular verbs. Check you know the irregular stem.

Example: vous (pouvoir) .....*vous pourrez*.............

1 ils (devoir) ....

2 nous (savoir) ....

3 je (faire) ....

4 elle (être) ....

5 tu (avoir) ....

6 elles (venir) ....

7 il (voir) ....

8 tu (aller) ....

E Now translate all of exercise D into English.

Example: .....*You will be able to*.................

1 ....

2 ....

3 ....

4 ....

5 ....

6 ....

7 ....

8 ....

The conditional

The conditional is used to say what you **would** do. It is formed like the future but has different endings. The conditional endings are: *–ais; –ais; –ait; –ions; –iez; –aient*

A Complete the gaps in this table.

	-er verbs	**-ir verbs**	**-re verbs**
	jouer	choisir	vendre
je	jouerais		
tu		choisirais	
Il/elle			vendrait
nous		choisirions	
vous	joueriez		vendriez
Ils/elles		choisiraient	

B What would these people do if they won the lottery? Add the correct part of the verb in brackets and say what the sentence means in English.

Example: Je ......*partirais*......... en vacances avec ma famille. (partir)

.....*I would go on holiday with my family.*..

1 Ma mère .... une belle maison. (habiter) ....

2 Vous ne .... plus. (travailler) ....

3 Nous .... beaucoup de pays. (visiter) ....

4 Tu .... de l'argent aux autres. (offrir) ....

5 Ils .... de l'argent à la banque. (mettre) ....

6 Je .... ma vieille voiture. (vendre) ....

Some verbs are irregular in the conditional: *aller: j'irais*   *faire: je ferais*   *voir: je verrais*

C Complete these sentences using the conditional of the verb in brackets. They all have irregular stems, but they keep the same endings as above.

Example: Nous ....*ferions*............ une promenade. (faire)

1 Je .... très riche. (être)

2 Vous .... le monde entier. (voir)

3 Ils .... beaucoup d'amis. (avoir)

4 Elle .... épouser son fiancé. (vouloir)

D Write four 'si' sentences of your own, using either the future or conditional tense.

Be careful with 'if' clauses!
- *si* + present tense + future tense:
  *Si tu **viens**, moi aussi j'**irai**.*
  If you come, I will go too.
- *si* + imperfect tense + conditional:
  *Si tu **mangeais** correctement, tu n'**aurais** pas faim.*
  If you ate properly, you wouldn't be hungry.

....

....

....

....

The pluperfect tense

You use the pluperfect to talk about an event which happened one step further back than another past event: 'I **had done** something'.

A Translate these sentences into English.

Example: Si seulement j'avais écouté tes conseils.   ....If only I had listened to your advice.....

1 Tu avais déjà fini ton déjeuner. ....

2 Nous avions entendu les informations. ....

3 Ils avaient promis de rentrer avant minuit. ....

4 Vous aviez déjà bu toute la bouteille. ....

5 Elle n'avait jamais lu ce livre. ....

6 Ils étaient déjà partis. ....

7 Elle était venue toute seule. ....

8 Les enfants s'étaient couchés de bonne heure. ....

Like the perfect tense, you form the pluperfect by using an auxiliary (*avoir* or *être*) + a past participle. The difference is that you use the **imperfect tense** of the auxiliary. The verbs which take *être* are the same ones that take *être* in the perfect tense.

B Change these verbs from the perfect into the pluperfect.

Example: J'ai joué   .....J'avais joué......

1 Elle a fini ....   4 Vous (pl) êtes partis ....

2 Nous avons lu ....   5 Tu es tombé? ....

3 Elles sont arrivées ....

C Match the sentence halves, then translate the sentences.

1 J'avais toujours voulu   a parti en vacances quand on est arrivé a la maison.

2 Il était   b ma voiture dans le parking.

3 Elles étaient   c aller à Bordeaux, mais mes parents ont décidé d'aller en Alsace.

4 Heureusement, nous   d partie de bonne heure, mais il y avait beaucoup de circulation.

5 Ma sœur était   e avions acheté des sandwichs.

6 Mes parents   f parties quand il a commencé à pleuvoir.

7 Si tu avais   g avaient loué un appartement au bord de la mer.

8 J'avais laissé   h gagné le loto, qu'est ce que tu aurais fait?

1 ....

2 ....

3 ....

4 ....

5 ....

6 ....

7 ....

8 ....

Negatives

> You use negatives when you want to say 'not', 'never', 'no longer', 'none', etc. French negatives almost always have two parts: *ne* before the verb and *pas*, etc. after the verb, making a 'sandwich'.

A Match the French to the English translations.

ne ... pas	neither ... nor
ne ... jamais	not any, none
ne ... plus	nobody, not anybody
ne ... rien	not yet
ne ... personne	no longer, no more
ne ... aucun	never
ne ... que	nothing, not anything
ne ... ni ... ni...	not
ne ... pas encore	only

B Translate these sentences.

Example: Il ne parle pas de son accident. ......He doesn't talk about his accident.......................

1 Nous n'aimons ni la géo ni l'histoire. ....

2 Je ne mangerai plus de viande. ....

3 Il n'est jamais arrivé. ....

4 Ils n'ont rien trouvé. ....

5 Je n'envoie aucune carte postale. ....

6 Elle ne fait que deux heures par mois. ....

7 Il ne retournera plus jamais en Italie. ....

C Rearrange the words to make correct sentences.

Example: ne vaisselle fais la Je jamais .....Je ne fais jamais la vaisselle.................................

1 aucune Nous idée avons n' ....

2 n'a dix Paul euros que ....

3 fête n' Personne ma venu à est ....

4 bu Ils n'ont café rien au ....

6 achèterez n' de chocolat plus Vous? ....

D Make these sentences negative by inserting the given words. Remember that *du, de la, des, un* and *une* all change to *de (d')* and mean 'any' if they appear after the negative.

Example: Je vois un nuage dans le ciel (ne...pas) .....Je ne vois pas de nuage dans le ciel.........

1 Nous fumerons des cigarettes (ne...plus) ....

2 Elle a dit bonjour (ne...jamais) ....

3 Tu rencontres deux amies en ville (ne...que) ....

4 Il a compris (ne...rien) ....

E Answer these questions in the perfect tense with the negative given.

Example: Il est sorti? (ne...pas) .....Non, il n'est pas sorti.......................................

1 Ils ont acheté une maison? (ne...jamais) Non, ils ....

2 Elle a fait de la lecture? (ne...pas) ....

3 Elles sont venues? (ne...jamais) ....

Questions

> In French you can make something a question by raising your voice at the end of a sentence. However, if you are aiming at a higher grade you need to use question words.

A Make these sentences into questions by using *est-ce que*.

Example: Tu manges des bonbons? ....*Est-ce que tu manges des bonbons?*....

1 Il peut venir lundi. ....

2 Vous avez une carte de la ville. ....

3 Les élèves ont fini leurs devoirs. ....

4 Elle veut aller en ville. ....

5 Vous êtes vendeuse. ....

6 Nous arriverons au collège à l'heure. ....

B Find the five pairs of questions which mean the same.

1 Est-ce que tu aimes le français?   **A** Fait-il du français le mardi?

2 Est-elle française?   **B** As-tu français le mardi?

3 Est-ce qu'il adore le français?   **C** Aimes-tu le français?

4 Est-ce que tu as français le mardi?   **D** Est-ce qu'elle est française?

5 Est-ce qu'il fait du français le mardi?   **E** Adore-t-il le français?

C Separate into ten questions.

Est-cequetuvasenvilledemainmatinest-cequ'iljoueautennisest-cequ'ellepartiraen
vacancesenjuilletest-cequetuasperdutaclefest-cequetuasréservéunechambreest-ce
quetupréfèresvoyagerenavionouparletrainest-cequelesportablessontutilesest-ceque
lechienestmignonest-cequetuveuxalleraucinémaavecmoiest-cequetusaisfairedelavoile

D Match the question word with the rest of the sentence.

1 Qu'   **A** es-tu venu?

2 Combien de   **B** est-ce que tu aimes faire?

3 Où   **C** est-ce que tu vas aider les pauvres?

4 Comment   **D** habites-tu?

5 Pourquoi   **E** préférez-vous voyager en France, par le train?

6 À quelle heure   **F** parles-tu le français?

7 Depuis quand   **G** est-ce que tu te réveilles le matin?

8 Quand   **H** personnes habitent à Londres?

E Imagine you get the chance to interview your favourite celebrity. Prepare a list of six questions for them.

....

....

....

....

....

....

Useful little words

A Match up opposite pairs of prepositions.

1 sur		**A**	à la fin
2 devant		**B**	partout
3 loin de		**C**	sans
4 nulle part		**D**	contre
5 pour		**E**	après
6 avec		**F**	sous
7 avant		**G**	derrière
8 au début		**H**	près de

B How many of these prepositions do you recognise?

Loin de, près de, en face de,
devant, derrière, à côté
nulle part, partout, pour ou contre
à droite, à gauche, environ
loin de, près de, en face de,
devant, derrière, à côté.

C Fill the gaps with the words in the box. The first letter is given in the text as a clue for some of them. Then translate it into English.

| à   À la fin   Après   D'abord   dans   dans   de   et   et   Mais   nulle part |
| parmi   partout   près de   puis |

D ...., je me suis levée à 7 heures, p................... je me suis lavée. Je suis entrée
d................ la salle de bains située p................... ma chambre et j'ai décidé ....
prendre une douche .... me brosser les dents aussi. A................... ma
douche, j'ai cherché ma serviette p................... . M................... je ne l'ai trouvée n................ .
À .... j'ai réussi .... retrouver mon pyjama p................... mes affaires
...................je suis rentrée .... ma chambre.

...... First of all, I got up at 7 o'clock ....

....

....

....

....

....

D All these prepositions have been jumbled up. How quickly can you write them correctly?

1 cnod	**6** etdapnn	**11** nvdtae ....
2 etesiun	**7** tvnaa	**12** spèr ed ....
3 ssaui	**8** ne eacf ed	**13** oervnni ....
4 ttrpuao	**9** zceh	**14** ssna ....
5 sima	**10** mpria	**15** rsev ....

Useful bits and pieces

A Unjumble these days of the week and seasons.

1 ddvnreei ....

2 ounaetm ....

3 drieecrm ....

4 irvhe ....

5 ildnu ....

6 aeisdm ....

7 mdheican ....

8 téé ....

9 npimetprs ....

10 djuie ....

11 admri ....

B Write out these celebration dates in full.

Example: 15/08: Mon anniversaire = Mon anniversaire, c'est le quinze août.

1 31/12: La Saint-Sylvestre ....

2 08/04: Pâques ....

3 01/01: Le Nouvel An ....

4 14/07: La fête nationale ....

C Write these numbers in words.

(a) 13 ....

(b) 16 ....

(c) 21 ....

(d) 25 ....

(e) 37 ....

(f) 43 ....

(g) 59 ....

(h) 64 ....

(i) 71 ....

(j) 84 ....

(k) 92 ....

(l) 100 ....

D Match the digital times with the correct sentence.

1 02.30

2 11.15

3 01.20

4 3.50

5 11.45

6 08.05

A il est une heure vingt

B il est deux heures et demie

C il est quatre heures moins dix

D il est huit heures cinq

E il est midi moins le quart

F il est onze heures et quart

E Ask for these products using an appropriate quantity from the box.

> un paquet de   4 tranches de   cinq livres de   un demi kilo de   un pot de
>
> une bouteille de   une boîte de   un morceau de   une cannette de

Example: biscuits   Je voudrais .....un paquet de......... biscuits.

1 cerises ....

2 lait ....

3 fromage ....

4 jambon ....

5 sardines ....

6 limonade ....

7 confiture ....

8 pommes de terre ....

Practice Exam Paper: Reading

Edexcel publishes official Sample Assessment Material on its website. This Practice Exam Paper has been written to help you practise what you have learned and may not be representative of a real exam paper.

Signs around town

1 Look at the following signs.

A	B	C
bibliothèque	château	gare routière

D	E	F
zone piétonne	librairie	parking payant

G	H	I
hôtel	gare	mairie

Choose the correct letter from above to match these signs in town.

Example: castle	B
(i) pedestrian zone	
(ii) coach station	
(iii) bookshop	
(iv) town hall	

(Total for Question 1 = 4 marks)

Shopping

2 Read this blog about a Belgian girl's experiences of shopping.

> Je m'appelle Nadia. Moi, je ne suis pas une grande fanatique du shopping, mais j'y vais une fois par semaine parce que tous mes amis adorent faire les magasins.
>
> En ville, la plupart des magasins sont ouverts tous les jours de la semaine, mais certaines boutiques sont fermées le lundi.
>
> Les bus ne sont pas fréquents, alors on y va en train! Prendre le train, c'est un peu cher mais c'est sympa!
>
> Quand nous arrivons en ville, nous sommes à cinq minutes à pied des magasins. C'est super!

Put a cross next to the **four** correct sentences.

Example: Nadia is not very interested in shopping.	X
A Nadia's friends dislike going round the shops.	
B Most shops in her town are open every day.	
C Some shops in her town close on Mondays.	
D The bus service is excellent.	
E The friends go to town by train.	
F The trains are very cheap.	
G The friends walk from the railway station to the shops.	

(Total for Question 2 = 4 marks)

School subjects

 F

3 Read these opinions of school.

A Le professeur est très intéressant.

B Les maths, c'est ennuyeux!

C Les devoirs sont assez difficiles.

D Le professeur est intéressant.

E Il est amusant, notre professeur!

F Le professeur n'aide pas les élèves.

G Le professeur aide les élèves avec leur travail.

H Le professeur n'est pas très drôle.

I Les devoirs sont faciles.

What do these pupils think? Put a cross in the correct box.

	A	B	C	D	E	F	G	H
Example: Interesting teacher.	X							
(i) Homework is quite difficult.								
(ii) The teacher is helpful.								
(iii) The subject is boring.								
(iv) The teacher is funny.								

(Total for Question 3 = 4 marks)

Shopping preferences

 C

4 Read Antoine's blog about his shopping preferences.

> Je m'appelle Antoine et j'habite en banlieue parisienne. J'ai toujours été intéressé par le shopping et je voudrais en faire plus souvent, mais la plupart du temps, je n'ai pas assez d'argent. Les petites boutiques me plaisent plus que les supermarchés parce que l'ambiance y est plus agréable.
>
> Malheureusement, nous sommes bien obligés de penser aux prix! Alors, le weekend dernier, j'ai acheté un nouveau jean au supermarché de mon quartier car le même vêtement coûtait un peu plus cher dans ma boutique favorite. Mon seul regret, c'est que j'ai eu beaucoup de problèmes, car quand j'ai enfin trouvé une caisse ouverte, la machine n'a pas accepté ma carte bancaire. Heureusement, j'avais de l'argent sur moi!

Complete the sentences by putting a cross in the correct box.

> Read the alternatives very carefully. They are often very close in meaning.

(i) Antoine would go shopping more often if …

A he had the time.	
B he had more money.	
C he had more time and money.	

(ii) Antoine prefers the atmosphere …

A in smaller shops.	
B in supermarkets.	
C at the market.	

(iii) At the supermarket, the price of the jeans was …

A much higher.	
B slightly lower.	
C much lower.	

(iv) Antoine was unable to …

A pay for the jeans.	
B pay by credit card.	
C find his credit card.	

(Total for Question 4 = 4 marks)

Directions

5   Read these directions. Choose the correct letter from the list below and write it in the box.

A Tournez à gauche quand vous sortez de la mairie.	**F** À la sortie de la gare routière, tournez à gauche.
B Allez tout droit, jusqu'au carrefour.	**G** Au coin de la rue, vous allez voir une boulangerie.
C Prenez la deuxième rue à droite.	
D La boucherie se trouve au coin de la rue.	**H** Continuez tout droit, jusqu'à la patinoire.
E Tournez à droite aux feux.	**I** Prenez la deuxième rue à gauche.

Which way does each person need to go?

Example: Turn right at the traffic lights.	E
(i) Go straight on, as far as the ice rink.	
(ii) Take the second turning on the right.	
(iii) There's a bakery on the street corner.	
(iv) Turn left on the way out of the coach station.	

(Total for Question 5 = 4 marks)

TV programmes

6   Read Jacqueline's account of a television programme.

Hier soir, je suis rentrée assez tard du travail.

Tout le monde était assis devant la télé, mais je n'aimais pas l'émission sportive qui était à la télé. Pourtant, certaines émissions de sport m'intéressent. Après avoir regardé le sport à la télé, mon mari et nos deux fils sont donc partis jouer au foot dans le parc, comme tous les mardis. J'étais contente parce que j'avais envie de regarder mon émission favorite qui est sur l'architecture italienne. D'habitude, je suis trop occupée pour ça et mes enfants sont trop jeunes pour avoir la patience de regarder une émission de ce genre.

Mon émission allait commencer, mais c'est à ce moment-là que ma meilleure amie a appelé pour me raconter ses projets de vacances. Mon émission dure trente minutes et je n'en ai vu que les dix dernières minutes. Lorsque mes enfants sont rentrés avec leur père, ils avaient tous les deux faim, alors j'ai été obligée de préparer un petit repas car mon mari n'avait pas le temps de le faire.

Put a cross in the **four** correct boxes.

A Jacqueline can't stand watching any sport programmes.	
B The father always takes the children to the park on Tuesdays.	
C More often than not, Jacqueline misses her favourite programme.	
D Jacqueline's children patiently watch her favourite programme with her.	
E The friend rang just after Jacqueline's programme had begun.	
F The friend was ringing about a future holiday.	
G That evening, Jacqueline missed most of her favourite programme.	
H Jacqueline had to prepare a meal for her husband, as he was leaving for work.	

(Total for Question 6 = 4 marks)

Future plans

7   Read this account of Sophie's future plans.

> Chère Nadine,
>
> Alors, il ne me reste pas longtemps pour décider quelles études je vais faire plus tard!
>
> L'année prochaine, si je réussis à mes examens, je pourrai faire un apprentissage car depuis plusieurs années je rêve de devenir électricienne. C'est le travail plutôt que l'argent qui m'intéresse. Si je retourne au lycée après les examens, je suis presque sûre que je vais sécher plus de la moitié des cours! Mais l'année dernière, je ne l'ai fait que très rarement. Je n'aime vraiment pas l'école, c'est mon problème.
>
> À l'avenir, j'aurai horreur d'avoir un patron, alors je vais essayer d'avoir ma propre entreprise si mes parents veulent bien me prêter un tiers de l'argent qu'il me faudra pour acheter certaines choses essentielles.
>
> L'idée de travailler à l'étranger m'intéresserait peut-être. Le climat français ne me manquerait pas et mon petit ami pourrait venir me voir. Même si je voyais moins souvent ma famille, ça irait. Alors, rien ne me manquerait!

Complete the sentences by putting a cross in the correct box.

Example: Nadine has limited time to decide upon …

A her next holiday.	
B her study plans.	X
C her next visit to town.	

> Be aware of vocabulary concerning fractions. Words such as 'moitié' and 'tiers' can make or break your understanding of a passage.

(i)   Nadine has dreamt of being an electrician …

A for the past few years.	
B for several years.	
C because the salary is quite high.	

(ii) If she returns to school after the exams, she is likely to …

A skip just under half of her lessons.	
B skip more than half of her lessons.	
C skip very few lessons.	

(iii) Nadine hopes her parents will agree …

A to offer financial support to her.	
B to give her money to buy tools.	
C to lend her most of the money she needs.	

(iv) If Nadine were to work abroad, she would miss …

A nothing.	
B her boyfriend.	
C her family.	

(Total for Question 7 = 4 marks)

Family

8 Read what Kofi says about his family life.

> ## Notre vie familiale
>
> Nous sommes huit dans la famille. Une amie m'a dit qu'elle n'aimerait pas ça, mais je pense que j'ai de la chance d'avoir plusieurs frères et sœurs. Par contre, ça m'empêchera toujours d'avoir ma propre chambre!
>
> Pendant la journée, presque toute la famille s'occupe du commerce familial. Mon frère cadet aimerait y travailler aussi, mais il est trop jeune. Notre petit magasin vendait autrefois un peu de tout car c'était le seul magasin du village. Avec l'ouverture récente d'autres magasins, nous avons décidé de ne vendre que de l'alimentation. J'aimerais pouvoir dire que nous avons souvent le temps de nous détendre en famille, mais en fait, ce n'est possible que le dimanche. Le magasin ouvre jusqu'à huit heures du soir tous les autres jours.
>
> Lorsque j'ai dit à mes camarades de classe que j'étais content de ma routine, ils ont tous été étonnés et ils m'ont dit que je devais être fou. Ils m'ont conseillé de quitter cette région le plus vite possible, mais c'est quelque chose que je ne serais jamais prêt à faire.

Answer the following questions **in English**.

(a) How does Kofi feel about being part of a large family? .... **(1 mark)**

(b) What disadvantage does he mention in the first paragraph?   **(1 mark)**

....

(c) How many members of the family work in their shop?

.... **(1 mark)**

> In a question like this, make sure you give a precise number.

(d) What do they now sell in the family shop? .... **(1 mark)**

(e) What is the family able to do just once a week? .... **(1 mark)**

(f) How do Kofi's classmates react to his satisfaction with daily routine? Mention **two** reactions.   **(2 marks)**

....

....

(g) How does Kofi respond to his classmates' final suggestion?   **(1 mark)**

....

(Total for Question 8 = 8 marks)

Ideal holiday

9 Read this article about Bruno's family holidays.

> Comme tous les ans, il va bientôt falloir décider où on va aller passer nos grandes vacances familiales. Nous avons la chance d'avoir deux jeunes enfants qui ne sont jamais difficiles en ce qui concerne la destination choisie. Peut-être que ça va changer dans cinq ans quand les jumeaux auront atteint l'âge de douze ans! Ça va changer à partir de l'année prochaine car ma femme attend notre troisième enfant. Quel bonheur!
>
> Les vacances de l'année dernière se sont bien passées car nous avons pu trouver un petit gîte où rien ne manquait, à moins d'un kilomètre d'une petite plage normande. Ça voulait dire que nous n'avions pas besoin de prendre la voiture familiale tous les jours. Évidemment, nous l'avons utilisée pour aller faire les courses, mais cela ne m'a pas dérangé.
>
> Tous les matins, les enfants ont passé une heure en stage de voile, ce qui a permis à ma femme et à moi de nous perdre dans un roman, tout en prenant un bain de soleil fort agréable!

(a) Choose the correct ending for each statement.

Example: La famille part en vacances …

   (i) Les enfants ne sont pas difficiles …

   (ii) Les deux enfants …

   (iii) Les vacances de l'année dernière …

   (iv) La maison normande …

   (v) La lecture intéresse …

A ont douze ans.

B était près des commerces.

C tous les ans.

D car ils choisissent toutes les destinations.

E les deux parents.

F ont plu à la famille.

G ont le même âge.

H tout le monde.

I était bien située.

J manquent à la famille.

K au sujet des vacances.

Example: ….C….

   (i) ………   (ii) ………   (iii) ………

   (iv) ………   (v) ………

(b) Put a cross next to the correct statement.

   (i) Bruno est tout à fait …

A malheureux,	
B déprimé,	
C ravi,	

   (ii) parce que sa femme est …

A sympathique.	
B enceinte.	
C difficile.	

   (iii) Pendant qu'ils lisaient, Bruno et sa femme …

A se sont bronzés.	
B se sont baignés.	
C ont perdu un livre.	

(Total for Question 9 = 8 marks)

Practice Exam Paper: Listening

Edexcel publishes official Sample Assessment Material on its website. This Practice Exam Paper has been written to help you practise what you have learned and may not be representative of a real exam paper.

Birthdays

1   Listen to these young people giving their date of birth.

A	B	C	D	E	F
2 June	21 July	12 September	13 October	3 October	1 January

When is their birthday? Put the correct letter in the box.

Example: Pierre	C
(i) Joséphine	
(ii) Frédérique	
(iii) Catherine	
(iv) Samuel	

(Total for Question 1 = 4 marks)

My favourite party wear

2   What do they put on to go to a party?

A	B	C	D	E	F
dress	trainers	skirt	earrings	tie	casual jacket

Put the correct letter in the box.

Example: Jacques	B
(i) Claudette	
(ii) Anne	
(iii) Christophe	
(iv) Jacqueline	

(Total for Question 2 = 4 marks)

Work preferences

3   Where would these people like to work?

Put a cross in the correct boxes.

	A farm	B restaurant	C factory	D library	E shop	F school
Example:		X				
(i) Cédric						
(ii) Danielle						
(iii) Bruno						
(iv) Amina						

(Total for Question 3 = 4 marks)

My town

4 Yanis is talking about his town and his family.

A	B	C	D	E	F
swimming pool	library	cinema	shops	shopping centre	sports centre

Listen and decide which place in town links with which member of the family.

Example: The whole family likes the .....shopping centre.....

(a) Mum works near the ....

(b) Yanis likes the ....

(c) Pauline goes to the ....

(d) Manon likes the ....

(Total for Question 4 = 4 marks)

My journeys

5 Marianne is talking about how she travels. Which form of transport does she use for which journey?

A	B	C	D	E	F
bicycle	aeroplane	car	train	walk	bus

Put a cross in the correct box.

	A	B	C	D	E	F
Example: to go to school						X
(i) to go to her friend's house						
(ii) to go to a gym lesson						
(iii) to go on holiday						
(iv) when she is in the country						

(Total for Question 5 = 4 marks)

Weekend jobs

6 Listen to these young people talking about their weekend jobs.

What work do they do now? Choose the correct letter from the table on the left and write it in the box on the right.

A sales assistant
B paper round
C cashier
D housework
E waitress
F car repairs

Example: Maurice	A
(i) Pierrette	
(ii) Daniel	
(iii) Lucie	
(iv) Roger	

(Total for Question 6 = 4 marks)

All about teeth

7 Gaston, Babette and Paul are talking about teeth.

Who says the following? Put a cross in the correct column.

	Gaston	**Babette**	**Paul**
Example: I've lost another tooth.	X		
(i) I go to the dentist's twice a year.			
(ii) I hate the taste of my toothpaste.			
(iii) I like the look of my toothpaste.			
(iv) Cleaning my teeth is boring.			

(Total for Question 7 = 4 marks)

It's MY room!

8 Clément, Lucie and Léo are talking about their bedroom.

Who says the following? Put a cross in the correct column.

	Clément	Lucie	Léo	
Example: My little sister comes into my room.	X			Use space on the page to jot down notes while you are listening. Try to develop your own form of 'shorthand' for this.
(i) My sister likes being tidy.				
(ii) I sometimes shout at my sister.				
(iii) My sister is untidy.				
(iv) My sister gets me into trouble.				

(Total for Question 8 = 4 marks)

The lost tourist

9 Listen to this French couple helping a tourist.

Complete the sentences by putting a cross in the correct box.

Example: First, the tourist must go …

A right.	
B left.	
C straight ahead.	X

(a) Then she must turn right at the …

A 1st turning.	
B 2nd turning.	
C 3rd turning.	

(b) This turning is at a …

A crossroads.	
B traffic lights.	
C pedestrian crossing.	

(c) The tourist should turn left at the …

A travel agency.	
B employment agency.	
C estate agents.	

(d) From there, the station is only …

A 50 m.	
B 100 m.	
C 200 m.	

(Total for Question 9 = 4 marks)

A skiing trip

10 Listen to Bernard talking about his skiing trip.

Answer the following questions in **English**.

> Does question (ii) ask about *what* Bernard ate for breakfast, or is a different kind of information needed?

(a) **(i)** Where did Bernard go skiing? .... **(1 mark)**

(ii) What was good about the breakfast? **(1 mark)**

....

(iii) Where did he go to do exercises? .... **(1 mark)**

(iv) What was the purpose of these exercises? **(1 mark)**

....

(b) **(i)** What was Bernard doing when he fell? **(1 mark)**

....

....

> Think carefully. Is just a verb required here, or do you need to add some more information

(ii) What did he feel and where? **(1 mark)**

....

(iii) What did the nurse tell him to do? .... **(1 mark)**

(iv) In the end, why was Bernard quite happy? **(1 mark)**

....

(Total for Question 10 = 8 marks)

Adopting a pet

11 Listen to this radio advertisement from the SPA (Société Protectrice des Animaux).

What does the advertisement say about animal rescue centres?

Put a cross in the **four** correct boxes.

Example: You can adopt a pet at an SPA centre.	X
A Staff of SPA centres go out to find stray animals.	
B Adopting a pet costs a small amount of money.	
C There is certainly an SPA centre near your home.	
D The SPA website will match you with an ideal pet.	
E There are Open Days at all SPA centres.	
F You can take an animal out for the day to see if you like it.	
G Volunteers are essential.	
H The advertisement suggests you help at a centre.	

> Make full use of the reading time before you hear the text. Try to remember the French for words such as *volunteer*, *advertisement*, *cost*, *amount* and *stray* so that you will recognise them when you hear them.

(Total for Question 11 = 4 marks)

Answers

Personal information

1   D, E, G, I
2   **(a)** VIGNAU   **(b)** 21 June
    (c) Scotland   **(d)** Horror films
3   **(i)** F   **(ii)** A   **(iii)** D   **(iv)** C
4   **(i)** B   **(ii)** F   **(iii)** E   **(iv)** D
5   A, C, E, H
6   **(a)** F   **(b)** C   **(c)** D   **(d)** B
7   A, C, G, H
8   **(a)** D (Germany)   **(b)** C (Scotland)
    (c) F (England)   **(d)** E (Spain)
9   **(i)** C   **(ii)** A   **(iii)** E   **(iv)** G
10 **(i)** C   **(ii)** A   **(iii)** F   **(iv)** B
11 C, E, F, G
12 **(a)** 13 (years old)
    (b) (i) and (ii) Single (1) / Same age as
         mother (1)
    (c) Would not / did not obey / was
         disobedient OR would not / did not talk
         to them
    (d) Near (by / their house) / not far away
    (e) (They) allow him to go out late
         (sometimes)
    (f) (He thinks) he is lucky (1) because they /
         all his parents / all three love him (1)
13 Suzanne D   Robert F
    Lola A   Carla B
14 **(i)** A   **(ii)** D   **(iii)** F   **(iv)** C
15 **(i)** A   **(ii)** F   **(iii)** B   **(iv)** C
16 **(i)** D   **(ii)** F   **(iii)** C   **(iv)** A
17 **(a)** B   **(b)** B   **(c)** A   **(d)** B
18 **(i)** A   **(ii)** F   **(iii)** D   **(iv)** B
19 B, C, E, G
20 **(i)** C   **(ii)** A   **(iii)** D   **(iv)** F
21 **(i)** Lionel   **(ii)** Zinedine
    (iii) Akua   **(iv)** Zinedine
22 **(a)** Betty   **(b)** André
    (c) Cyril   **(d)** Betty
23 **(i)** G   **(ii)** I   **(iii)** A   **(iv)** B
24 **(a)** F   **(b) A**   **(c)** C   **(d)** D
25 **(a)** Everyone (1)
    (b) Tickets sell quickly (1)
    (c) **(i)** Take seat promptly (1)
         (ii) Switch off mobile (1)
    (d) **(i)** They tire easily (1)
         (ii) They lose concentration (1)
    (e) **(i)** Free (1)   **(ii)** Safe (1)
26 **(i)** C   **(ii)** C   **(iii)** A   **(iv)** B
27 **(a)** (ii)   **(b)** (i)   **(c)** (ii)   **(d)** (ii)
28 **(a)** A   **(b)** B   **(c)** B   **(d)** B
29 **(a)** **(i)** K   **(ii)** E   **(iii)** J   **(iv)** H
    (v) F   **(vi)** L
    (b) **(i)** A   **(ii)** B
30 **(i)** K   **(ii)** A   **(iii)** I   **(iv)** D
31 **(i)** C   **(ii)** A   **(iii)** C   **(iv)** B
32 **(a)** 7:15   **(b)** Toast   **(c)** Tea
    (d) Evening meal
33 **(a)** B   **(b)** C   **(c)** A   **(d)** A
34 **(a)** One month
    (b) **(i)** Could be stressful
         (ii) Still had cold
    (c) **(i)** Show cooking skills
         (ii) Mother could relax
    (d) She disliked everything
    (e) **(i)** Grateful
         (ii) Found it unbelievable
35 **(a)** Roger   **(b)** Ibrahim
    (c) Pauline   **(d)** Robert
36 **(i)** E   **(ii)** G   **(iii)** I   **(iv)** C
37 **(a)** B, E, F, H
    (b) **(i)** B   **(ii)** A   **(iii)** A   **(iv)** C

Out and about

1   **(a)** 110   **(b)** Sunday
    (c) 3 km   **(d)** No smoking
2   **(a)** C   **(b)** C   **(c)** A   **(d)** A
3   B, E, F, H
4   **(i)** Sarah = C   **(ii)** Hugo = B
    (iii) Amina = E   **(iv)** Gaston = F
5   **(i)** D   **(ii)** I   **(iii)** A   **(iv)** G
6   **(i)** F   **(ii)** A   **(iii)** E   **(d)** C
7   C, E, F, H
8   **(i)** D   **(ii)** C   **(iii)** E   **(iv)** F
9   **(i)** B   **(ii)** A   **(iii)** E   **(iv)** F
10 **(a)** East = snowing   **(b)** South = sunny
    (c) West = windy   **(d)** North = raining
11 **(i)** I   **(ii)** E   **(iii)** B   **(iv)** G
12 **(a)** **(i)** Born there   **(ii)** bookshops
         (iii) Better than in his town in Tubize
         (iv) the costume / dress / clothes
              museum
    (b) **(i)** Comic strips / cartoons
         (ii) Built in 1906 and has just been
              renovated   **(iii)** Lots to do
13 **(a)** Zachary   **(b)** Luc
    (c) Luc   **(d)** David
14 ☺ B, D   ☹ C, F
15 **(a)** Uneventful
    (b) **(i)** Day shift over
         (ii) Evening with family

(c) (i) Last mine closed
(ii) Unemployment rose
(d) 1 (or 2) days
(e) The father retired
(f) Missed friendly atmosphere

16 C, D, G, H

17 **(i)** B **(ii)** A **(iii)** F **(iv)** D

18 **(i)** C **(ii)** A **(iii)** H **(iv)** D

19 **(i)** Paul = hotel
(ii) Isabelle = cousin's house
(iii) Eric = youth hostel
(iv) Éva = rented house

20 Benjamin E   Sophie D
Fatima F   Youssif A

21 **(a)** B **(b)** A **(c)** A **(d)** C

22 **(a)** iii **(b)** i **(c)** ii **(d)** ii

23 ☺ B and C   ☹ E and A

24 **(a)** B, D, E, H
(b) (i) C **(ii)** A **(iii)** B **(iv)** C

25 **(i)** B **(ii)** C **(iii)** F **(iv)** H

26 B, C, G, H

27 **(a)** by the sea / on the coast
(b) longer
(c) (rock) climbing
(d) likes the sun / likes to get brown

28 **(a)** Previously satisfied customers (1)
(b) Secure best rooms (1)
(c) View of pool (1)
(d) Swimming (1)
(e) One week (1)
(f) (i) Children tire easily (1)
(ii) Children might argue (1)
(g) Relaxation (1)

29 **(a)** i **(b)** ii **(c)** ii **(d)** ii

30 **(i)** H **(ii)** A **(iii)** E **(iv)** F

31 B, E, G, H

32 A, B, E, G

33 B, C, E, H

34 **(i)** E **(ii)** A **(iii)** D **(iv)** C

35 **(i)** F **(ii)** A **(iii)** G **(iv)** H

36 **(i)** F **(ii)** C **(iii)** A **(iv)** B

37 **(a)** Oscar **(b)** Tamsir **(c)** Hugo
(d) Laure

38 1 **(a)** Before 1940 / up to 1940
1 **(b)** (Building) roads cost (1) Less than
tram rails / lines / infrastructure (1)
1 **(c)** Little by little / gradually / slowly /
progressively they disappeared
(from French towns)
2 **(a) (i)** The price of petrol
(ii) Pollution from cars
2 **(b)** Shared between / by pedestrians /

people on foot, bikes / cyclists /
people riding bikes and vehicles
2 **(c)** At least 21

Customer service and transactions

1 **(i)** C **(ii)** H **(iii)** B **(iv)** A

2 **(a)** A **(b)** F **(c)** D **(d)** E

3 A, C, F, G

4 ☹ C, E   ☺ A, B

5 **(i)** F **(ii)** H **(iii)** I **(iv)** C

6 **(i)** B **(ii)** H **(iii)** C **(iv)** F

7 **(a)** Patrick **(b)** Mara **(c)** Joshua
(d) Ruby

8 ☺ F, D   ☹ E, A

9 B, E, G, H

10 A, E, F, G

11 **(i)** F **(ii)** C **(iii)** B **(iv)** D

12 **(i)** A **(ii)** F **(iii)** E **(iv)** D

13 **(i)** D **(ii)** H **(iii)** C **(iv)** G

14 **(i)** potatoes **(ii)** milk **(iii)** ham
(iv) peaches

15 B, C, E, I

16 **(i)** C **(ii)** B **(iii)** A **(iv)** D

17 **(i)** G **(ii)** A **(iii)** C **(iv)** E

18 **(a)** 12:00 midday D **(b)** 2:00 pm F
(c) 9:00 am B **(d)** 11:30 am C

19 **(i)** D **(ii)** A **(iii)** E **(iv)** C

20 **(i)** B **(ii)** B **(iii)** B **(iv)** C

21 **(a) (i)** Shops are busy
(ii) Never enough staff
(b) Assistants have more time for
customers.
(c) Winter coat
(d) Her size was not available.
(e) (i) She had saved
(ii) She had not bought anything for
herself for a long time
(f) She has taste.

22 **(i)** C (jacket) **(ii)** B (dress)
(iii) A (blouse) **(iv)** B (dress)

23 C, D, F, H

24 **(a)** small
(b) awful / dreadful / horrid / horrible /
ghastly
(c) 17 **(d)** 50

25 **(i)** I **(ii)** E **(iii)** A **(iv)** B

26 **(a)** Not available / sold in shops
Shops don't have / sell them
Cannot buy them in shops
(b) Pictures / illustrations too small
Pictures / images not big enough

(c) No heavy bags (to carry)
(d) She can touch the goods.
She can feel the fruit and veg.

27 (i) D **(ii)** E **(iii)** F **(iv)** A

28 Mimi: C, F   Janina: A, E

29 (i) F **(ii)** H **(iii)** E **(iv)** I

30 (a) Jacques **(b)** Florence
(c) Aline **(d)** Jacques

31 (a) Make appointment **(b)** Strike
(c) Counter **(d)** Price match
(e) (i) No commission
(ii) Lost cheques reimbursed
(f) (i) Free holiday insurance
(ii) Free mobile phone

32 (a) Unpleasant **(b)** Tickets expensive
(c) Too late **(d)** Uncomfortable

33 (i) C **(ii)** A **(iii)** D **(iv)** E

34 (i) B **(ii)** D **(iii)** F **(iv)** C

35 A, C, E, F

36 (a) B, E, F, G **(b)** B, B, A, C

Future plans, education and work

1 (i) G **(ii)** B **(iii)** I **(iv)** H

2 ☹ C, E   ☺ F, G

3 (a) Zéna **(b)** Nadine
(c) Marc **(d)** Régine

4 (i) D **(ii)** F **(iii)** A **(iv)** C

5 B, E, F, H

6 (a) 2p.m. / 2 in the afternoon
(b) 30 mins / ½ hour
(c) (they are) hungry / hunger
(d) (fruit) juice

7 (i) E **(ii)** A **(iii)** C **(iv)** F

8 B, D, E, H

9 B, C, F, H

10 (i) E **(ii)** A **(iii)** B **(iv)** F

11 (i) C **(ii)** B **(iii)** C **(iv)** A

12 (i) E **(ii)** A **(iii)** F **(iv)** I

13 (i) No headphones allowed
(ii) He is a boarder
(iii) Too much noise
(iv) Not wearing tie

14 B, D, E, H

15 A, B, D, G

16 (a) Amélie **(b)** Antonin
(c) Dany **(d)** Laetitia

17 (i) F **(ii)** B **(iii)** A **(iv)** C

18 (i) H **(ii)** C **(iii)** G **(iv)** F

19 (a) an engineer **(b)** a driver
(c) a factory worker **(d)** a cook

20 (i) A **(ii)** A **(iii)** C **(iv)** A

21 (i) C **(ii)** C **(iii)** A **(iv)** B

22 B, E, G, H

23 (i) B **(ii)** B **(iii)** A **(iv)** C

24 (a) One
(b) Most desired profession
(c) Competent in Italian
(d) (Two) former air hostesses
(e) *Two of:* cheerful, confident, reliable
(f) Her start date
(g) Air hostess training

25 (a) Boarding school **(b)** Supervisor
(c) Take degree **(d)** Summer camp

26 (a) Samuel **(b)** Thomas
(c) Amadou **(d)** Marthe

27 (i) C **(ii)** A **(iii)** B **(iv)** C

28 (a) B, D, E, H, J
(b) (i) C **(ii)** B **(iii)** B

29 (a) 8a.m. / 8 o'clock **(b)** 30
(c) Checkout **(d)** Pleasant

30 (i) D **(ii)** E **(iii)** F **(iv)** C

31 (a) Something silly (1)
(b) Emergency procedures (1)
(c) (i) Boring work routine (1)
(ii) Atmosphere very serious (1)
(d) One week (1)
(e) (i) Too young (1)
(ii) Lacked (essential) knowledge (1)
(f) Accountant (1)

32 B, D, E, H

33 B, D, F, G

34 (i) C **(ii)** E **(iii)** D **(iv)** B

35 (a) (i) E **(ii)** B **(iii)** I
(iv) A **(v)** D **(vi)** F
(b) (i) B **(ii)** C

Grammar

Articles 1

A 1 les commerces **2** la pharmacie
3 les toilettes **4** l'hôtel
5 les cinemas **6** le bowling
7 la gare **8** le parking
9 les rues **10** l'appartement

B 1 la chienne **2** les serpents
3 l'araignée **4** le chat
5 la tortue **6** l'éléphant
7 les poissons **8** le canard
9 la mouche **10** les cochons d'Inde
11 la grenouille **12** le singe

C 1 un salon **2** une salle de bains
3 un jardin **4** une chambre

C 1 un salon   2 une salle de bains
   3 un jardin   4 une chambre
   5 un sous-sol   6 une cuisine
   7 une salle à manger

D

le chien – les chiens; un château – *des châteaux;*
l'animal – *les animaux; une voiture* – des voitures

le nez – *les nez;* le bateau – *les bateaux;* un hôtel
– *des hôtels;* l'arbre – les arbres;

une page – des pages; *l'eau* – les eaux; une
araignée – *des araignées;*

la destination – les destinations

Articles 2

A 1 des œufs   2 de la confiture
   3 du pain   4 des haricots verts
   5 de l'eau minérale   6 du jambon
   7 des frites   8 de la crème
   9 de l'huile   10 du riz

B Tu veux des pâtes, des abricots, du
fromage, du chocolat, des olives, du
porc, des pommes de terre, du ketchup,
de l'ananas, du potage, des oeufs, du sel
et du poivre?

C 1 Je n'ai pas d'argent. I don't have any
   money.
   2 Je n'ai pas de pain. I don't have any
   bread.
   3 Je n'ai pas de céréales. I don't have
   any cereals.
   4 Je n'ai pas de pizza. I don't have any
   pizza.

D Tu as des fruits et des légumes? Oui, j'ai
des fruits mais je n'ai pas de légumes.
Par exemple, j'ai des pêches et des
cerises mais je n'ai pas de carottes ni de
pommes de terre. Cependant, j'ai du
pain et du nutella, donc on peut manger
des sandwichs.

E 1 à la patinoire   2 à la crêperie
   3 au théâtre   4 à l'hôtel de ville
   5 aux magasins   6 au café-tabac

F 1 au salon   2 à la cuisine
   3 à la salle de bains   4 aux chambres
   5 à la salle de jeux   6 au jardin
   7 à l'atelier   8 au grenier
   9 à la cave   10 à l'entrée
   11 au garage   12 à la salle à manger

Adjectives

A 1 Ma mère est petite.
   2 Mon père est grand.
   3 Ma maison est belle.
   4 Mon chat est noir.
   5 Elle est heureuse.
   6 Les fenêtres sont chères.

B 1 Mon chien est triste.
   2 Mes crayons sont blancs.
   3 Ma mère est intelligente.
   4 Mes frères sont timides.
   5 Mes sœurs sont grosses.
   6 Ma chatte est très mignonne.

C

grand	grande	**grands**	grandes	big / tall
petit	petite	**petits**	**petites**	**small**
noir	**noire**	noirs	noires	black
neuf	neuve	**neufs**	neuves	**new**
dernier	**dernière**	derniers	**dernières**	last
marron	**marron**	marron	**marron**	(chestnut) brown
triste	**triste**	tristes	**tristes**	sad
sérieux	**sérieuse**	sérieux	**sérieuses**	**serious**
gentil	gentille	**gentils**	gentilles	**kind**
sec	sèche	secs	**sèches**	**dry**
drôle	**drôle**	drôles	**drôles**	funny
vieux	vieille	**vieux**	vieilles	old
beau	belle	beaux	belles	beautiful
ancien	**ancienne**	anciens	**anciennes**	ancient
blanc	**blanche**	blancs	**blanches**	white
sportif	sportive	**sportifs**	sportives	sporty

D 1 Elle a de beaux yeux bleus.
   2 Les me illeures fleurs jaunes
   3 Mes vieux baskets blancs
   4 Mes pauvres parents malades

Possessives

A (i) Dans ma famille, il y a mon père, ma
mère, ma sœur et mes deux frères. Ma
grand-mère vient souvent nous rendre
visite avec mon grand-père. Mon amie
adore mes grands-parents et elle vient
jouer avec toutes mes affaires quand
ils sont là.

(ii) Dans sa chambre, elle a son lit, ses
livres, son bureau, sa télévision, ses
bijoux, son téléphone et son nounours.

(iii) Dans notre collège, nous avons nos
professeurs, notre bibliothèque, notre
cantine et notre terrain de sport. Et vous,
qu'est-ce que vous avez dans votre
collège et dans vos salles de classe? Vous
avez vos tableaux blancs interactifs et
votre gymnase?

(iv) 1 Comment s'appellent ton père et ta
     mère?
   2 Qu'est-ce que tu achètes avec ton
     argent?
   3 C'est quand ton anniversaire?
   4 Qu'est-ce qu'il y a dans ta ville ou
     ton village?

(v) Dans leur village, ils ont leur mairie,
leurs cinémas, leur pharmacie, leur

boulangerie, leurs cafés, leurs parcs, leur hôpital, leur école, tous leurs petits commerces.

B *Examples from the table:* Mon fromage est très timide; Nos copines ne sont pas très honnêtes; Leurs photos sont assez jaunes; Vos gâteaux sont très romantiques!

C 1 Les pulls? Ce sont les miens!
   2 Les jupes? Ce sont les miennes!
   3 Le jogging? C'est le mien!

Comparisons

A Lydie est la plus intelligente. Paul est le moins intelligent.

B *Other examples:* Anna est pire en français qu'Antoine. Anna est la meilleure en dessin.

C 1 Philippe est aussi grand que Sara. = Philippe is as tall as Sara.
   2 Les maths sont plus difficiles que la musique. = Maths is more difficult than music.
   3 Les bonbons sont moins sains que les fruits. = Sweets are not as healthy as fruit.
   4 Une cravate est moins confortable qu'un jogging. = A tie is less comfortable than a tracksuit.
   5 La chimie est aussi intéressante que l'anglais. = Chemistry is as interesting as English.

D 1 Les kiwis sont les fruits les plus sains.
   2 L'hiver est la saison la plus froide.
   3 Londres est la plus grande ville d'Angleterre.
   4 Où sont les garçons les moins actifs?
   5 Je prends les vêtements les moins **longs.**
   6 J'habite dans la région la moins industrielle.

Other adjectives

A 1 ce pantalon   2 cet imperméable
   3 cette robe   4 ces baskets
   5 cet anorak   6 ces sandales
   7 ces chaussettes   8 cette jupe

B 1 Je préfère celui à gauche.
   2 Je préfère ceux à gauche.
   3 Je préfère celle à gauche.
   4 Je préfère celles à gauche.

C 1 Quel stylo préfères-tu? Celui-ci ou celui-là?
   2 Quelle station balnéaire préfères-tu? Celle-ci ou celle-là?
   3 Quelles ceintures préfères-tu? Celles-ci ou celles-là?
   4 Quels hôtels préfères-tu? Ceux-ci ou ceux-là?

D 1 Lequel?   2 Laquelle?
   3 Lesquelles?   4 Lesquels?

E 1 Quelle cuisine préfères-tu? Celle-ci ou celle-là? Laquelle?
   2 Quelles cravates préfères-tu? Celles-ci ou celles-là? Lesquelles?
   3 Quel jardin préfères-tu? Celui-ci ou celui-là? Lequel?
   4 Quels gants préfères-tu? Ceux-ci ou ceux-là? Lesquels?

Adverbs

A 1 doucement   2 naturellement
   3 absolument   4 généralement
   5 attentivement   6 vraiment
   7 lentement   8 gentiment

B Le matin, d'abord je me lève à sept heures, puis d'habitude je prends mon petit déjeuner. Ensuite, je quitte la maison et finalement j'arrive au collège à huit heures et demie. Mais c'est souvent trop tôt. Alors à l'avenir je vais rester au lit plus longtemps peut-être.

In the morning, first of all I get up at 7 o'clock then usually I have my breakfast. Then I leave the house and finally I arrive at school at half past eight. But it is often too early. So, in the future I am going to stay in bed longer perhaps.

C Souvent mes grands-parents viennent avec nous, et d'abord c'est vraiment pratique car ils font régulièrement du baby-sitting. Cependant, de temps en temps, ils se sentent vraiment fatigués et ils ne sont pas toujours confortables. Par conséquent ils ne viendront pas l'année prochaine. À l'avenir, ils viendront seulement s'ils sont absolument en bonne forme!

D 1 D'habitude il fait la vaisselle tout de suite.
   2 De temps en temps elle écoute de la musique doucement.
   3 Ma valise? Naturellement j'avais laissé mes vêtements dedans.

Object pronouns

A 1 We see you.
   2 Do you know him?
   3 I want to see her.
   4 You meet us.
   5 She will forget you.
   6 I will lose them.

B 1 I am passing my sweets to you.
   2 Do not tell the truth to him *or* to her.
   3 We will give a boat to him / to her.
   4 He is going to send us a present.
   5 You will tell them the story.

C **1** Vous comprenez le professeur? Nous le comprenons souvent.

2 Elle aime les sports nautiques? Elle ne les aime pas du tout.

3 Tu vas vendre ton vélo? Oui, je vais le vendre demain.

4 Il veut acheter la maison? Non, il ne veut pas l'acheter.

D **1** Il les cherche.

2 Nous lui envoyons un cadeau.

3 Il leur a donné des bonbons.

4 Tu leur as téléphoné?

5 Elle la dit toujours à papa.

E **1** Elle nous les a offerts.

2 Ne les lui vends pas!

3 Je vais te *or* vous le passer.

4 Il te *or* vous les a donnés samedi.

More pronouns: *y* and *en*

A **1** Il va y habiter.

2 Elle y a vu ses amis.

3 Vous y jouez?

4 J'y ai réussi.

5 Tu y es allée ce matin?

B **1** J'en fais beaucoup.

2 Elle n'en fait pas.

3 Non, j'en ai trois.

4 Ils en mangent tous les samedis.

5 Il y en a plusieurs.

C **1** J'y vais de temps en temps.

2 J'en mange beaucoup.

3 … je n'en mange jamais …

4 … j'y suis allé …

5 … tu veux y venir …

6 … mon frère n'en mange pas …

Other pronouns

A **1** Le repas que j'ai pris était excellent.

2 C'est Claude qui est le plus beau.

3 Ce sont mes parents qui adorent la viande.

4 Voilà le chapeau qu'il a perdu.

5 Où sont les robes qui sont déchirées?

6 L'église que j'ai visitée était vieille.

7 L'homme qui monte dans le train est gros.

8 Ma copine qui s'appelle Mathilde a seizeans.

9 Quel est le film que tu veux voir?

B **1** The life which you are dreaming about does not exist.

2 The papers which I need are in the drawer.

3 I do not know the illness from which you are suffering.

4 This boy who I was talking to you about, has left the school.

C **1** Le repas que nous avons mangé était excellent. = The meal which we ate was excellent.

2 Le stylo dont vous avez besoin est cassé. = The pen that you need is broken.

3 Des bonbons? J'en ai mangé beaucoup. = Sweets? I have eaten lots of them.

4 Le café où je vais le samedi est fermé. = The café where I go on Saturdays is closed.

5 Le cinéma Gaumont? J'y suis allée pour voir 'Amélie'. = The Gaumont cinema? I went there to see 'Amelie'.

Present tense: -ER verbs

A **aimer**: j'aime, nous aimons, ils aiment

jouer: je joue, nous jouons, ils jouent

habiter: j'habite, nous habitons, ils habitent

regarder: je regarde, nous regardons, ils regardent

donner: je donne, nous donnons, ils donnent

inviter: j'invite, nous invitons, ils invitent

marcher: je marche, nous marchons, ils marchent

trouver: je trouve, nous trouvons, ils trouvent

voler: je vole, nous volons, ils volent

garder: je garde, nous gardons, ils gardent

B **1** vous gardez   **2** elle invite

3 tu habites   **4** nous trouvons

5 il regarde   **6** vous marchez

7 tu donnes   **8** elle vole

9 il joue   **10** ils regardent

C *-ger* **verbs:**

1 ils rangent

2 nous plongeons

3 nous nageons

4 je mange

-yer **verbs:**

5 tu envoies

6 vous payez

7 j'essaie

8 nous nettoyons

-ler / *-ter* **verbs:**

1 je m'appelle

2 ils jettent

3 nous nous rappelons

4 elle projette

acheter **type verbs:**

5 tu achètes

6 elles préfèrent

7 vous vous levez

8 il gèle

D 1 Ils habitent en France? Do they live in France?

2 Marie range sa chambre? Does Marie tidy her room?

3 Vous préférez les sciences? Do you prefer science?

4 Les sœurs jettent les fruits? Do the sisters throw out the fruit?

5 Mon copain et moi achetons les frites? Are my friend and I buying the chips?

-IR and -RE verbs

A choisir = to choose

ralentir = to slow down

réfléchir = to reflect

rougir = to blush

finir = to finish

atterrir = to land

punir = to punish

averter = to warn

B

	dormir	sortir
je	dors	sors
tu	dors	sors
il/elle	dort	sort
nous	dormons	sortons
vous	dormez	sortez
ils	dorment	sortent

C 1 L'ami choisit un cadeau.

2 Vous courez aux magasins.

3 Nous finissons nos devoirs.

4 Je remplis le verre de vin.

D

	vendre	prendre	dire
je	vends	prends	dis
tu	vends	prends	dis
il/elle	vend	prend	dit
nous	vendons	prenons	disons
vous	vendez	prenez	dites
ils/elles	vendent	prennent	disent

E 1 nous vendons **2** ils répondent

3 je descends **4** tu prends

5 vous buvez **6** elle lit

7 j'écris **8** il comprend

avoir and *être*

A 1 Elle a un hamster.

2 J'ai les cheveux blonds.

3 Ils ont une grande maison.

4 Il a onze ans.

5 Nous avons un petit gymnase.

6 Vous avez un beau chien.

7 Ma sœur a une jupe rouge.

8 Les filles ont un piercing.

9 Tu as deux guitars.

10 Vous avez une nouvelle maison.

B 1 Ils ont un chien et trois hamsters.

2 Tu as une sœur?

3 Elle a les cheveux noirs.

4 Nous avons une grande cuisine.

5 J'ai trois enfants.

6 J'ai seize ans.

7 Il a une voiture.

C 1 Je suis français.

2 Nous sommes paresseux.

3 Ma tante est assez petite.

4 Vous êtes sportif mais timide.

5 Mes yeux sont bleus.

6 Tu es célibataire?

7 Les chiens sont mignons.

8 Je suis au chômage.

9 Nous sommes mariés.

10 Il est paresseux.

aller and *faire*

A 1 Les jeunes vont au centre commercial.

2 Je vais au marché samedi.

3 Vous allez sortir ce soir?

4 Maman va à l'église.

5 Où vas-tu vendredi soir?

6 Les chiens vont dans le garage.

7 Les parents vont au restaurant.

8 Marc va au centre sportif.

9 Nous allons en France pour nos vacances.

10 Je vais au collège.

B 1 Mon frère fait la vaisselle. = My brother does the dishes.

2 Mes sœurs font tout le ménage. = My sisters do all the housework.

3 Vous faites le repassage. = You do the ironing.

4 Nous faisons la cuisine. = We do the cooking.

5 Ils font le jardinage. = They do the gardening.

6 Je fais la lessive. = I do the (clothes) washing.

7 Maman fait les courses = Mum does the shopping.

8 Tu fais du shopping. = You go shopping.

C 1 Ma sœur fait de la danse.

2 Nous faisons des randonnées.

3 Ils font du ski nautique.

4 Tu fais de la gymnastique.

5 Vous faites de la danse?

6 Elles font de l'équitation.

7 Nous faisons de la planche à voile.

8 Il fait de l'escalade.

121

D
1. Jean va à la pêche.
2. Nous faisons de la voile tous les samedis.
3. Vous faites du basket.
4. Ils vont à la montagne pour faire du ski.
5. Tu vas au concert avec moi?
6. Ils font de l'athlétisme.
7. Elle va souvent au cinéma.
8. Je vais faire des promenades.
9. Tu fais du skate?
10. Mes camarades font du vélo.

Modal verbs

A

	devoir	pouvoir	vouloir	savoir
je	dois	peux	veux	sais
tu	dois	peux	veux	sais
il/elle/on	doit	peut	veut	sait
nous	devons	pouvons	voulons	savons
vous	devez	pouvez	voulez	savez
ils/elles	doivent	peuvent	veulent	savent

B
1. Pouvez-vous aider mon père?
2. Sais-tu nager?
3. Mes parents veulent acheter une nouvelle maison.
4. On doit toujours s'arrêter aux feux rouges.
5. Voulez-vous danser avec moi ce soir?
6. Je sais parler allemand et français.

C
1. nous voulons trouver une chambre avec un balcon
2. je peux louer un vélo
3. vous devez tout vérifier
4. ils savent faire la cuisine
5. elles peuvent faire un pique-nique
6. vous ne pouvez jamais comprendre les régles
7. je sais préparer le dîner

D *Examples*: On ne doit pas manger en classe. On ne veut pas répondre aux professeurs. On peut dormir en classe. On ne sait pas envoyer des textos.

Reflexive verbs

A Je me lève / Tu te laves / Il se brosse les dents / Je m'habille et après / Je prends mon petit déjeuner

B Mes parents se réveillent tôt le matin. Je m'appelle Lydie. Le matin je me réveille à 7 heures et demie mais je ne me lève pas tout de suite. Normalement ma sœur se lève à 8 heures. Nous nous lavons dans la salle de bains et nous nous habillons vite. Après le petit déjeuner, nous nous dépêchons pour prendre le bus au collège. On s'approche du collège et on est très content. Vous vous amusez bien à votre collège?

C 2, 1, 4, 3

D
1. je me repose   je me suis reposé(e)
2. elle se douche   elle s'est douchée
3. nous nous amusons   nous nous sommes amusé(e)s
4. elles s'étonnent   elles se sont étonnées
5. vous vous dépêchez   vous vous êtes dépêché(e)(s)

E
1. Je me suis reposée à 8 heures ce matin.
2. Nous nous sommes dépêchés pour aller au match.
3. Ma sœur ne s'est pas douchée hier soir.
4. Mes deux frères se sont bien entendus en vacances.
5. Vous vous êtes couchés tôt samedi, mes amis?
6. Les garçons se sont disputés.

The perfect tense 1

A *Examples:* J'ai vendu la maison. Elle a détesté le bateau. Nous avons fini les devoirs.

B
1. Mme Le Blanc a invité sa copine au match.
2. Vous avez terminé le repas?
3. Ils ont fumé une cigarette.
4. Il a beaucoup neigé ce matin.
5. Tu n'as pas mangé de légumes?
6. Nous avons choisi un bon restaurant.
7. Elle n'a pas rougi.
8. Ils ont atterri à l'aéroport d'Orly.
9. J'ai rendu visite à ma tante.
10. Nous n'avons pas entendu.

C
1. Nous n'avons pas perdu l'argent.
2. Ils n'ont pas lavé le bus.
3. Vous n'avez pas attendu les chiens.
4. Je n'ai pas fini le pain.
5. Elle n'a pas vendu le bateau.
6. Il n'a pas détesté les devoirs.

D
1. J'ai mis le pique-nique par terre.
2. Elle a écrit à son frère.
3. Tu n'as rien fait au collège?
4. Il n'a pas lu ma lettre.
5. Nous avons pu acheter une Renault.

E
1. J'ai compris la situation.
2. Il a promis de rentrer vite.
3. Tu as pris un taxi à la gare?
4. Qu'est-ce que tu as fait?

The perfect tense 2

A 1 Elle est tombée par terre.
2 Mes copains sont arrivés trop tard.
3 Les chats sont montés sur le toit.
4 Marie n'est pas descendue vite.
5 Madame Lebrun est allée à la piscine.
6 Vous êtes retournés en France?
7 Je ne suis pas parti tôt.
8 Elles sont mortes l'année dernière.

B 1 Élise est arrivée à 11 heures.
2 Jim est mort il y a 20 ans.
3 Nous sommes entrés dans l'épicerie.
4 Marie n'est rentrée qu'à minuit.
5 Mes stylos ne sont pas tombés.
6 Il est sorti avec sa sœur jumelle.

C 1 elles sont montées très vite
2 je suis arrivé(e)
3 ils ne sont pas tombés
4 elle est morte

D je me suis lavé(e)   tu t'es lavé(e)
il s'est lavé   elle s'est lavée
nous nous sommes lavé(e)(s)
vous vous êtes lavé(e)(s)
ils se sont lavés   ells se sont lavées

E 1 Hier soir nous nous sommes couchés tôt.
2 Ils ne se sont pas bien amusés au parc.
3 Elle s'est ennuyée au collège ce matin.

F 1 Ils se sont couchés.
2 Elle s'est ennuyée.
3 Vous vous êtes disputé(e)(s).
4 Je me suis endormi(e).

The imperfect tense

A 1 **jouer**
je jouais
nous jouions
ils jouaient
2 **finir**
je finissais
nous finissions
ils finissaient
3 **perdre**
je perdais
nous perdions
ils perdaient
4 **avoir**
j'avais
nous avions
ils avaient
5 **être**
j'étais
nous étions
ils étaient
6 **boire**
je buvais
nous buvions
ils buvaient

7 **aller**
j'allais
nous allions
ils allaient
8 **partir**
je partais
nous partions
ils partaient
9 **faire**
je faisais
nous faisions
ils faisaient
10 **lire**
je lisais
nous lisions
ils lisaient
11 **savoir**
je savais
nous savions
ils savaient
12 **prendre**
je prenais
nous prenions
ils prenaient

B 1 elle attendait   2 ils écrivaient
3 il dormait   4 je regardais
5 elles étaient polies

C 1 Je jouais avec mon petit frère sur la plage.
= I used to play with my little brother on the beach.
2 Nous mangions ensemble très souvent.
= we used to eat together very often.
3 Le serveur travaillait dur pour nous. = The waiter used to work hard for us.
4 On vendait beaucoup de glaces. = They used to sell lots of ice-cream.
5 Papa et Marc faisaient du ski nautique. = Papa and Marc used to water ski.
6 Tu étais très content. = You used to be happy.

D J'allais au collège quand j'ai vu l'accident. Il y avait beaucoup de monde. J'ai appelé «au secours!».

The future tense

A 1 Il va sortir ce soir. = He is going to go out this evening.
2 Nous allons vendre la maison. = We are going to sell the house.
3 Vous allez comprendre bientôt. = You are going to understand soon.
4 Tu vas partir en vacances. = You are going to go away on holiday.
5 Maman va voir un concert. = Mum is going to see a concert.
6 Les garçons vont arriver en retard. = The boys are going to arrive late.

B 1 Nous allons aller en ville demain.
  2 Quand vas-tu partir?
  3 Ils vont faire leurs devoirs.
  4 Vous allez jouer au tennis?
  5 Lydie va faire la cuisine.
  6 Ses sœurs vont aider.

C 1 Il lavera sa nouvelle voiture.
  2 Tu inviteras ta copine à manger.
  3 Nous finirons nos devoirs.
  4 Vous attendrez les nouvelles.
  5 Elle rendra visite à sa grand-mère.
  6 Ils arriveront en France.
  7 Elles bavarderont beaucoup.
  8 Je choisirai une nouvelle robe.

D 1 ils devront   **2** nous saurons
  3 je ferai   **4** elle sera
  5 tu auras   **6** elles viendront
  7 il verra   **8** tu iras

E 1 they will have to   **2** we will know
  3 I will do   **4** she will be
  5 you will have   **6** they will come
  7 he will see   **8** you will go

The conditional

A

	-er verbs	-ir verbs	-re verbs
	jouer	choisir	vendre
je	jouerais	choisirais	vendrais
tu	jouerais	choisirais	vendrais
il/elle	jouerait	choisirait	vendrait
nous	jouerions	choisirions	vendrions
vous	joueriez	choisiriez	vendriez
ils/elles	joueraient	choisiraient	vendraient

B 1 Ma mère habiterait une belle maison. = My mum would live in a beautiful house.
  2 Vous ne travailleriez plus. = You would no longer work.
  3 Nous visiterions beaucoup de pays. = We would visit lots of countries.
  4 Tu offrirais de l'argent aux autres. = You would give money to others.
  5 Ils mettraient de l'argent à la banque. = They would put some money in the bank.
  6 Je vendrais ma vieille voiture. = I would sell my old car.

C 1 Je serais très riche.
  2 Vous verriez le monde entier.
  3 Ils auraient beaucoup d'amis.
  4 Elle voudrait épouser son fiancé.

The pluperfect tense

A 1 You had already finished your lunch.
  2 We had heard the news.
  3 They had promised to return before midnight.
  4 You had already drunk the whole bottle.
  5 She had never read this book.
  6 They had already left.
  7 She had come on her own.
  8 The children had gone to bed early.

B 1 Elle avait fini.
  2 Nous avions lu
  3 Elles étaient arrivées.
  4 Vous étiez partis.
  5 Tu étais tombé?

C 1 c: I had always wanted to go to Bordeaux but my parents decided to go to Alsace.
  2 a: He had gone on holiday when we arrived at the house.
  3 f: They had left when it started to rain.
  4 e: Luckily, we had bought some sandwiches.
  5 d: My sister had left early but there was a lot of traffic.
  6 g: My parents had rented a flat by the seaside.
  7 h: If you had won the lottery, what would you have done?
  8 b: I had left my car in the car park.

Negatives

A ne … pas = not; ne … jamais = never; ne … plus = no longer, no more; ne rien = nothing, not anything; ne … personne = nobody, not anybody; ne … aucun = not any, none; ne … que = only; ne … ni … ni = neither … nor; ne … pas encore = not yet

B 1 We like neither geography nor history.
  2 I will no longer eat any meat.
  3 He never arrived.
  4 They found nothing.
  5 I am sending no postcards.
  6 She only does two hours per month.
  7 He will never return to Italy again.

C 1 Nous n'avons aucune idée.
  2 Paul n'a que dix euros.
  3 Personne n'est venu à ma fête.
  4 Ils n'ont rien bu au café.
  5 Vous n'achèterez plus de chocolat?

D 1 Nous ne fumerons plus de cigarettes.
  2 Elle n'a jamais dit bonjour.
  3 Tu ne rencontres que deux amies en ville.
  4 Il n'a rien compris.

E 1 Non, ils n'ont jamais acheté de maison.
  2 Non, elle n'a pas fait de la lecture.
  3 Non, elles ne sont jamais venues.

Questions

A 1 Est-ce qu'il peut venir lundi?
  2 Est-ce que vous avez une carte de la ville?
  3 Est-ce que les élèves ont fini leurs devoirs?
  4 Est-ce qu'elle veut aller en ville?

5 Est-ce que vous êtes vendeuse?

6 Est-ce que nous arriverons au collège à l'heure?

B 1 C 2 D 3 E 4 B 5 A

C Est-ce que tu vas en ville demain matin?

Est-ce qu'il joue au tennis?

Est-ce qu'elle partira en vacances en juillet?

Est-ce que tu as perdu ta clef?

Est-ce que tu as réservé une chambre?

Est-ce que tu préfères voyager en avion ou par le train?

Est-ce que les portables sont utiles?

Est-ce que le chien est mignon?

Est-ce que tu veux aller au cinéma avec moi?

Est-ce que tu sais faire de la voile?

D 1 B 2 H 3 D 4 E 5 A
6 G 7 F 8 C

E *Example questions:* Où habites-tu? À quelle heure est-ce que tu te lèves le matin? Combien de frères est-ce que tu as? Qu'est-ce que tu aimes faire le weekend?

Useful little words

A 1 F 2 G 3 H 4 B 5 D
6 C 7 E 8 A

B *Student answers will vary.*

C D'abord, je me suis levée à 7 heures, puis je me suis lavée. Je suis entrée dans la salle de bains, située près de ma chambre et j'ai décidé de prendre une douche et de me brosser les dents aussi. Après ma douche, j'ai cherché ma serviette partout. Mais je ne l'ai trouvée nulle part. À la fin j'ai réussi à retrouver mon pyjama parmi mes affaires et je suis rentrée dans ma chambre.

First of all, I got up at 7 o'clock then I had a wash. I went in to the bathroom, situated near my bedroom and I decided to take a shower and brush my teeth as well. After my shower, I looked for my towel everywhere. But I found it nowhere. In the end I managed to find my pyjamas amongst my things and I went back into my bedroom.

D 1 donc 2 ensuite 3 aussi
4 partout 5 mais 6 pendant
7 avant 8 en face de 9 chez
10 parmi 11 devant 12 près de
13 environ 14 sans 15 vers

Useful bits and pieces

A 1 vendredi 2 automne
3 mercredi 4 hiver 5 lundi
6 samedi 7 dimanche 8 été
9 printemps 10 jeudi 11 mardi

B 1 La Saint-Sylvestre, c'est le trente-et-un décembre.

2 Pâques, c'est le huit avril.

3 Le Nouvel An, c'est le premier janvier.

4 la fête nationale, c'est le quatorze juillet.

C (a) treize
(b) seize
(c) vingt-et-un
(d) vingt-cinq
(e) trente-sept
(f) quarante-trois
(g) cinquante-neuf
(h) soixante-quatre
(i) soixante-et-onze
(j) quatre-vingt-quatre
(k) quatre-vingt-douze
(l) cent

D 1 B 2 F 3 A 4 C 5 E
6 D

E 1 Je voudrais un demi kilo de cerises.

2 Je voudrais une bouteille de lait.

3 Je voudrais un morceau de fromage.

4 Je voudrai 4 tranches de jambon.

5 Je voudrais une boîte de sardines.

6 Je voudrais une cannette de limonade.

7 Je voudrais un pot de confiture.

8 Je voudrais cinq livres de pommes de terre.

Practice Exam Paper
Reading

1 (i) D (ii) C (iii) E (iv) I

2 B, C, E, G

3 (i) C (ii) G (iii) B (iv) E

4 (i) B (ii) A (iii) B (iv) B

5 (i) H (ii) C (iii) G (iv) F

6 B, C, F, G

7 (i) B (ii) B (iii) A (iv) A

8 (a) Lucky
(b) The need to share a bedroom
(c) 7
(d) Food
(e) Relax
(f) *Any two of:* They are astonished / surprised / They think he is mad / They tell him he should leave the area.
(g) He would never accept to do it.

9 (a) (i) K (ii) G (iii) F (iv) I
(v) E
(b) (i) C (ii) B (iii) A

Listening

1 (i) D (ii) F (iii) A (iv) B

2 (i) A (ii) D (iii) F (iv) C

3 (i) F (ii) D (iii) E (iv) C

4 **(a)** B (library)   **(b)** A (swimming pool)
  (c) F (sports centre)   **(d)** D (shops)

5 **(i)** E   **(ii)** C   **(iii)** D   **(iv)** A

6 **(i)** E   **(ii)** F   **(iii)** C   **(iv)** D

7 **(i)** Babette   **(ii)** Paul   **(iii)** Paul
  (iv) Gaston

8 **(i)** Léo   **(ii)** Clément
  (iii) Lucie   **(iv)** Lucie

9 **(a)** C   **(b)** A   **(c)** B   **(d)** B

10 **(a) (i)** Swiss (ski) resort
   (ii) gave (them) energy

   (iii) local stadium / sports arena /
     sports field
   (iv) work(out) / strengthen leg muscles
   (b)(i) jumping (over) an obstacle
   (ii) pain in shoulder
   (iii) rest (for) 24 hours
   (iv) (he had) nothing broken / no
     broken bones.

11 B, E, G, H

Published by Pearson Education Limited, 80 Strand, London, WC2R 0RL.

www.pearsonschoolsandfecolleges.co.uk

Copies of official specifications for all Edexcel qualifications may be found on the Edexcel website: www.edexcel.com

Text © Pearson Education Limited 2012
Audio © Pearson Education Limited / Tom Dick and Debbie Productions
MFL Series Editor: Julie Green
Edited by Sue Chapple
Illustrated and typeset by Kamae Design, Oxford
Original illustrations © Pearson Education Limited 2012
Illustrated by KJA Artists
Cover illustration by Miriam Sturdee

The rights of Suzanne Hinton, Martin Bradley and Janet Calderbank to be identified as authors of this work have been asserted by them in accordance with the Copyright, Designs and Patents Act 1988.

First published 2012

16
10 9

British Library Cataloguing in Publication Data
A catalogue record for this book is available from the British Library

ISBN 978 1 446 90334 6

Printed in Slovakia by Neografia

In the writing of this book, no Edexcel examiners authored sections relevant to examination papers for which they have responsibility.